마음속 네 개의 방 정리하기

마음속 네 개의 방 정리하기

우리 삶을 소중한 것들로 채우는 네 가지 영역의 정리법

초판 1쇄 2017년 10월 19일

지은이 스티브 J. 스콧 배리 데이븐포트
옮긴이 최은경
발행인 최홍석

발행처 (주)프리렉
출판신고 2000년 3월 7일   제 13-634호
주소 경기도 부천시 원미구 길주로 77번길 19 세진프라자 201호
전화 032-326-7282(代)   **팩스** 032-326-5866
URL www.freelec.co.kr

편집 이강인 하나래
디자인 이대범

ISBN 978-89-6540-194-0

마음속 네개의방 정리하기

지은이
스티브 J. 스콧
배리 데이븐포트

옮긴이
최은경

프리렉

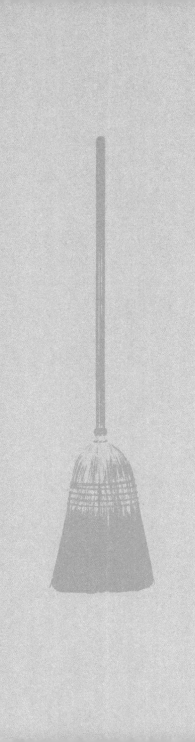

이 책을 쓴 목적은 집중하지 못하고 마음을 산만하게 하는 내적 무질서를 정리하는 데 도움이 되고자 여러분에게 습관을 기르는 법과 실천 방법, 마음가짐을 알려주는 것입니다.

단지 여러분에게 무엇을 하라고 말하는 데 그치지 않고, 과학적 근거가 있는 실용적인 방법을 꾸준히 실천에 옮겨서 실질적이고 지속적인 변화가 이루어지는 과정을 증명해 보이려고 합니다.

《네 개의 방 정리하기》는 스트레스와 중압감에 시달리는 삶의 특정 영역을 변화시키는 데 도움이 되도록 다음과 같이 네 부분으로 나누어 분야별로 필요한 정보를 담았습니다.

1. 생각 정리하기
2. 삶의 책임 정리하기
3. 인간관계 정리하기
4. 주변 정리하기

이 책에서는 마음가짐에 즉각적이고 긍정적인 영향을 줄 수 있는 다양한 실천 방법을 제시합니다. 다양한 내용이 담겨 있기 때문에 처음부터 끝까지 훑어보고, 다시 한 번 검토하면서 여러분에게 필요한 부분을 찾아 읽기를 권합니다. 다시 말해서, 여러분 삶에 당장 영향을 줄 수 있는 '퀵 윈(Quick-win, 단기간에 변화를 이끌어 내는 실천 과제, 단기간에 빠르게 해결할 수 있는 문제는 즉시 개선하고 실행하는 것-옮긴이)'을 찾아야 한다는 것입니다.

배리는 수상 경력이 있는 자기계발 웹사이트인 라이브볼드앤블룸(live-boldandbllom.com)의 창립자입니다. 배리는 공인받은 자기계발 전문 코치이자 온라인 강의 제작자로서 실용적인 실천 방법을 제공하여 사람들이 과거의 익숙했던 생활 방식을 박차고 나와서 더 행복하고 풍요롭고 성공적인 삶을 살아 가도록 돕고 있습니다. 또한 긍정적인 습관과 삶의 열정, 자신감 확립, 마음 챙김, 단순한 삶에 관한 자기계발서 시리즈를 펴냈습니다.

사업가이자 세 아이의 엄마이며 주부인 배리는 스트레스를 줄이고 삶을 온전히 누리는 방법으로 내면과 외면의 삶을 간소화하고 관리하는 것이 얼마나 가치 있고 인생이 달라질 정도로 획기적인 변화를 가져오는지 경험을 통해 깨닫고 있습니다.

스티브는 디벨롭굿해빗이라는 블로그(developgoodhabits.com)를 운영하고 있으며 습관을 주제로 한 다수의 책을 펴냈습니다. 이 책들은 삶이 나아지려면 습관을 지속적으로 발전시키는 것이 필요하다는 내용입니다.

이 책에 앞서 마음 챙김과 간소한 삶을 다룬 두 권의 책《10-Minute Declutter: The Stress Free Habit for Simplifying Your Home》과《10-Minute Digital Declutter: The Simple Habit to Eliminate Technology Overload》를 함께 펴냈습니다. 두 권의 책에서는 물질적 소유물을 통제하는 실용적인 실천 방법을 소개하는 동시에, 삶의 '소음'을 제거하는 것이 정신 건강에 얼마나 유익한지를 다루고 있습니다.

우리 두 사람은 각각 다른 이유로 이 책에 소개된 원리들을 채택하고 책까지 쓰게 되었습니다.

배리의 사연

지난 몇 년간 배리는 삶의 방식과 우선순위에 큰 변화가 있었습니다. 자신의 삶에 공허함을 느끼고 삶에서 누구나 겪는 불안감을 마주하면서, 배리는 엄마의 역할을 넘어서 열정을 추구하고, 불안을 유발하고 과거 경험으로 인해 고통을 일으키는 '내면의 목소리'를 잠재우는 방법을 찾아 나섰습니다.

이러한 긴 여정 끝에 배리는 자기계발 코치, 자기계발 블로거, 강사, 작가로서 새로운 길을 찾았습니다. 일과 연구를 통해 마음 챙김 수련과 간소화 하기, 삶의 우선순위를 정함으로써 심오한 깨달음의 순간을 여러 번 경험했고, 그 일에 모든 시간과 에너지를 쏟고 싶었습니다.

최근 배리는 혼잡한 애틀랜타 교외를 벗어나 노스캐롤라이나 애슈빌로 이사하여 건강한 삶과 좋은 음식, 사람들 사이의 유대감, 자연, 음악을 중요하게 여기는 마을에서 여유 있는 삶을 만끽하고 있습니다.

배리는 훨씬 작은 집으로 옮기면서 불필요한 살림살이와 옷을 모두 처분했습니다. 물건이나 돈, 명성보다 인간관계와 경험, 의미 있는 일에 삶의 우선순위를 두었습니다. 일상생활에서 배리는 명상과 운동을 하고, 자연 속에서 시간을 보내면서 삶의 균형을 찾은 지금 이 순간에 충실하려고 노력합니다.

스티브의 사연

스티브는 수년에 걸쳐 굉장히 간소한 삶을 살아왔지만, 2015년 하반기부터 **삶의 중대한 4가지 변화**(결혼, 출산, 집 장만, 신규 사업 추진)를 겪었습니다. 이 모든 사건이 놀랍도록 멋진 일이었지만 삶의 스트레스도 덩달아 늘어났습니다.

처음에 스티브는 이러한 변화를 감당하기가 버거웠지만, 결국 머릿속을 복잡하게 하는 문제들을 간소화하는 법을 배워서 지금 하는 일에 집중할 수 있었습니다. 현재 스티브는 아내와 아들과 함께 보내는 시간에는 100% 그 순간에 충실하고, 일할 때에는 능률적인 몰입 상태를 유지하며 중요한 일을 해냅니다.

스티브와 배리가 삶의 스트레스를 극복하기 위해 활용한 방법을 실천하기는 쉽지 않습니다. 하지만 날마다 삶에 적용하려고 노력할 의지만 있다면 분명히 효과가 있습니다. 이 책에서 이 실천 방법들을 자세히 소개하고자 합니다.

《네 개의 방 정리하기》를 읽어야 하는 이유

생각이 걷잡을 수 없이 끼어들어 집중력과 생산성이 떨어지고, 행복과 마음의 평화가 방해받는다고 느끼는 사람이라면 누구나 이 책을 읽어보기를 권합니다. 《네 개의 방 정리하기》는 다음 상황에 해당하는 사람들을 위한 책입니다.

불안하고 부정적이고, 비생산적인 생각에 종종 빠져 있다고 느끼는 사람

 생각과 걱정이 많아서 소중한 시간과 집중력, 에너지를 허비하는 사람

 부정적이고 충동적인 생각을 멈추는 방법을 몰라서 좌절감과 혼란을 느끼는 사람

 심적 중압감으로 인한 극심한 스트레스, 흥분, 불안, 심지어는 우울증에 시달린 경험이 있는 사람

 공허함과 슬픔으로 인한 삶의 빈틈을 채우기 위해 돈, 재산, 일, 성공, 명예에 집착하는 사람

 지나치게 바쁘고, 중압감과 스트레스에 시달려 자신의 본모습을 잊고 지내는 사람

고통을 없애기 위해 술, 약물 등 충동적 자극에 의존하는 사람

삶의 우선순위를 바꾸고, 생각을 정리하고 다스리는 법을 배워서 더 이상 생각에 휘둘리지 않기를 바라는 사람

산만함과 무관심, 흥분, 일상의 작은 스트레스로 인해 직장 상사나 배우자, 가족들의 불만을 사는 사람

삶의 중심이 잡히고, 차분하고 평화로운 삶을 원하는 사람

요약하자면,

정서적으로 단순하고 평온한 삶을 살고 싶고, 지나친 생각과 불안으로 허비했던 시간과 정서적인 에너지를 되찾고 싶을 때, 이 책이 길잡이가 되어줄 것입니다. 이 책을 통해 여러분은 생각을 정리하고 다스리는 데 필요한 기술을 배울 수 있을 뿐만 아니라, 지금 당장 적용할 수 있는 실천 방법을 찾을 수 있습니다.

생각에 따라 결과가 어떻게 달라지는가

"행복한 삶을 사는 데 필요한 것은 그리 많지 않다. 행복은 전적으로 마음가짐에 달려 있기 때문이다."

마르쿠스 아우렐리우스 Marcus Aurelius Antoninus

온갖 생각에 파묻혀 쉽게 헤어나기 힘들었던 경험이 있습니까?

주말이 다가올 때마다 일을 마무리해야 한다는 부담감으로 걱정과 스트레스에 시달리나요?

삶에서 드는 갖가지 **고민에서 정말로 벗어나고** 싶은가요?

사람이라면 누구나 부정적인 생각을 할 때가 있습니다. 수시로 부정적인 생각에 빠져 헤어나기 힘들다면 자신이 무슨 생각을 하는지, 그런 생각이 여러분의 정신 건강에 어떤 영향을 미치는지 자세히 살펴봐야 합니다.

내면의 목소리는 우리 마음속에서 자연스럽게 흘러나옵니다. 마음속에 항상 자리를 차지하고 있으면서 밤낮없이 불쑥 끼어들어, 사야 할 물건을 잊지 않도록 일러주고, 동생 생일을 까맣게 잊고 지나간 것에 미안함을 느끼게 하고, (정치, 환경, 경제 상황 등) 최신 뉴스를 보며 마음 졸이게 만듭니다.

우리가 그 존재를 눈치채지 못할 때도 이러한 생각들은 마음속에서 끊임없이 소음을 냅니다. 지금 당장 자신의 생각에 주의를 집중해보세요. 그리고 생각을 멈추려고 해보세요. 어려울 겁니다. 그렇죠? 원치 않는 불필요한 생각이 꼬리에 꼬리를 물고 이어진다는 것을 알게 될 겁니다.

"팔이 가려워."

"비가 올 것 같은데."

"열쇠를 어디에 뒀더라."

이렇게 의미 없는 생각이 마구잡이로 떠오를 때가 있습니다.

그런데 대부분은 거슬리거나 부정적인 생각입니다.

"저 남자 정말 형편없어."

"내가 프로젝트를 완전히 망쳐 버렸어."

"엄마한테 그런 말을 하지 말 걸."

부정적이든, 감정이 섞이지 않았든, 긍정적이든,

생각이 너무 많으면 우리 마음은 심란해집니다. 집에 물건이 너무 많으면 어수선한 것과 마찬가지입니다.

안타깝지만, 내적 무질서를 정리하는 것은 물건을 처분하는 것처럼 간단한 일이 아닙니다. 생각을 '내다 버리고' 영원히 사라지기를 바랄 수는 없습니다. 실제로, 영원히 끝나지 않는 두더지 잡기 게임처럼, 부정적인 생각은 아무리 떨쳐내려고 애를 써 봐도 또다시 불쑥불쑥 튀어 나옵니다.

사람들은 왜 부정적인 생각을 할까요?

자, 우리 마음을 완벽히 정리된 집이라고 가정해봅시다. 마음을 심란하게 하는 잡다하고 소모적이며 쓸모없는 물건들이 없다고 생각해보는 겁니다. 만약 우리 마음속에 활기와 위안을 주는 희망적인 생각만 가득차 있다면 어떨까요?

이번에는 우리 마음을 구름 한 점 없는 평화로운 하늘이라고 생각하고, 그 하늘에 무엇이든 띄워 놓을 수 있는 능력이 있다고 가정해봅시다. 우리가 구름 한 점 없는 마음의 하늘을 그렇게 간절히 원하는데도, 왜 우리 마음속에는 이유 없이 불필요한 생각과 건설적이고 쓸모 있는 생각이 분류되지 않은 채 그렇게나 많이 떠오르는 것일까요?

인간의 뇌에는 신경세포가 약 1천억 개 있고, 척수에는 약 10억 개가 있습니다. 처리를 담당하는 신경세포 사이를 연결하는 시냅스의 수는 약 100조 개에 이릅니다.

인간의 뇌는 끊임없이 많은 경험을 처리하고, 그것을 생각이라는 형태로 분석합니다. 우리는 종종 그 생각을 현실이라고 믿습니다.

우리는 생각을 다스리고 이끌어 나갈 수 있지만, 종종 생각이 독자적으로 우리와 우리의 감정을 조종하는 것 같기도 합니다. 생각은 문제를 해결하고, 분석하고, 결정하고, 계획하는 데 꼭 필요하지만, 이러한 상황에 앞서 적극적으로 생각하는 시점 사이사이에 우리의 마음은 사나운 원숭이처럼 날뛰면서 부정적이고 반복적인 생각의 가시덤불로 끌려들어 갑니다.

마음속의 목소리는 우리 주변에서 지금 당장 벌어지고 있는 일에 집중하지 못하게 만듭니다. 그로 인해 우리는 소중한 경험을 놓치고 지금 이 순간의 즐거움을 느끼지 못합니다.

터무니없게도, 우리는 왜 원하는 만큼 행복과 만족을 느끼지 못하는지 '알아내기' 위해 더 열심히 생각해야 한다고 믿고 있습니다.

갈망을 풀어주고 불행을 덜어줄 것이라고 기대하면서 물건이나 사람, 경험에 집착하려고 합니다.

절망적인 생각을 하면 할수록 점점 더 의기소침해집니다. 답을 찾으려고 미래를 그려보거나 과거를 돌아볼 때, 생각하면 할수록 안절부절못하고, 공허해지고, 흔들립니다.

사실, 부정적인 생각은 과거 또는 미래와 관련된 것이 대부분입니다. 마음속에서 끝없이 반복 재생되는 부정적인 생각에서 빠져나오려고 안간힘을 쓸 때조차도, 걱정과 후회가 반복되는 순환 고리에 갇혀 있다는 것을 깨닫게 되는 경우가 많습니다.

우리는 생각에서 벗어나려고 싸우는 동시에, 생각에서 벗어나지 못하는 자신의 무능함과도 사투를 벌입니다. 부정적인 생각이 반복되는 시간이 길어질수록 기분은 더 나빠집니다. 마치 우리 안에 두 개의 자아, 즉 생각을 담당하는 첫 번째 자아와 그 생각을 인식한 후 그것이 얼마나 나쁜지 판단하는 두 번째 자아가 있는 것 같습니다.

생각과 판단이 교차하면서 우리는 괴로운 감정에 빠져듭니다. 걱정하고 자책하고 후회할수록 우리는 더욱 스트레스를 받고 불안하고 우울하고 화가 납니다. 때로는 생각으로 인해 부정적인 감정에 휩싸여 무력함을 느끼고, 그 결과 마음의 평화와 만족감이 사라집니다.

하지만 수많은 고통의 주범이 '생각'일지라도 우리가 할 수 있는 게 별로 없습니다. 생각을 멈출 수는 없으니까요.

그렇지 않나요?

마음대로 뇌를 멈추게 할 수도 없고, 마음속의 목소리를 떨쳐 낼 수도 없고, 삶을 온전히 누릴 수 없게 만드는 여러 감정에서 자유로워질 수도 없습니다.

가끔, 예기치 않게 마음의 평화와 안정을 느끼는 순간이 있습니다. 보통은 음식, 술, 약물, 일, 섹스, 운동에 과도하게 의존하는 자신만의 치유 방법을 통해 마음속의 목소리를 억누르려고 합니다. 하지만 이런 방법들은 마음속의 소음을 덮고 고통을 가라앉히기 위한 일시적인 해결책일 뿐입니다. 머지않아 생각은 다시 떠오를 것이고 악순환은 반복됩니다.

우리는 '마음속의 원숭이(Monkey Minds: 마치 원숭이가 날뛰는 것처럼, 머릿속에서 끊임없이 떠오르는 생각 때문에 집중할 수 없고 마음속의 평화를 유지할 수 없는 상태를 뜻함-옮긴이)'에게 휘둘릴 수밖에 없는 운명을 타고난 것일까요?

생각과 끊임없이 사투를 벌이면서 걱정과 후회, 불안에 끌려 다닐 수밖에 없을까요?

부정적인 생각과 고통에서 벗어나 맑은 정신을 유지할 방법이 있을까요?

마음의 둥지를 항상 정돈된 상태로 유지할 수는 없겠지만, 생각에 영향을 미쳐서 우리의 삶의 질을 개선하면 더 많이 행복해질 수 있습니다. 생각은 무의식적이고 통제할 수 없는 것처럼 보이지만, 생각이 이루어지는 방식은 대부분 무심하고 습관적입니다.

자신과 자신의 생각이 떨어질 수 없는 관계인 것 같지만, 우리에게는 의

도적으로 개입하여 생각을 다룰 수 있는 '의식적인 자아'가 있습니다. 우리는 생각보다 훨씬 더 자신의 생각을 잘 통제할 수 있습니다. 우리의 마음을 다스리는 법을 배우면, 뒤죽박죽 섞인 길들지 않은 생각 속에 파묻힌 엄청난 창의력과 영감, 탁월한 능력을 발견하게 될 것입니다.

다양한 마음 챙김 수련과 여러 가지 습관을 실천해가며 생각이 가진 부정적 영향력을 감소시켜 내면의 평화와 행복을 누리게 해줄 마음의 '여유 공간'을 확보할 수 있습니다.

결국, 삶에서 무엇이 가장 중요한지,
목표를 이루는 데 도움이 되지 않는 것이 무엇인지,
매일매일 어떻게 살고 싶은지
에 대해 명확한 답을 얻을 수 있게 됩니다.

앞으로 다룰 내용이 많습니다. 그럼 지금부터 우리가 왜 그렇게 생각의 덫에 빠져 있는지, 그것이 우리 삶에 어떤 영향을 미치는지 살펴봅시다.

1장

생각 정리하기

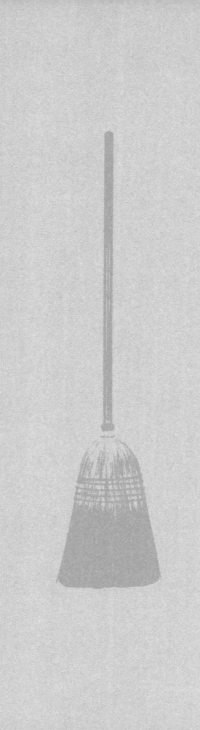

내적 무질서의 4가지 원인

"나날이 늘리는 대신 나날이 줄여라. 불필요한 것은 끊어내야 한다."

이소룡 Bruce Lee

부정적인 생각을 없애기 위한 다양한 방법을 이야기하기에 앞서, 사람들은 왜 부정적인 생각을 하는지 이해할 필요가 있습니다. 먼저 내적 무질서의 원인 4가지를 살펴보겠습니다.

일상의 스트레스

과도한 스트레스는 많은 사람의 삶을 버겁게 만드는 주된 요인입니다. 넘쳐나는 정보와 어수선한 주변 환경, 그에 따른 선택의 문제로 생기는 스트레스는 범불안장애, 공황장애, 우울증 같은 여러 가지 정신 건강 문제를 일으킵니다.

미국 심리학회에 따르면, 이러한 스트레스가 우리 삶에서 흔히 나타나는 근심, 걱정과 결합하여 불면증과 근육통, 두통, 가슴 통증, 잦은 감염, 소화기 장애를 일으킬 수 있다고 합니다(스트레스와 신체 질환의 관계를 뒷받침하는 다수의 연구는 굳이 말할 것도 없지요).

ABC 뉴스 진행자이자《10% 행복 플러스》의 저자인 댄 해리스는 공중파 방송 출연 중에 공황발작이 최고조에 이르는 경험을 하고 나서야 정신적 과부하로 인한 스트레스가 자신에게 어떤 영향을 미치는지 인식했다고 합니다.

(아프가니스탄과 이스라엘, 팔레스타인, 이라크의 전장을 누비는) 힘겹고 경쟁이 치열한 일은 댄에게 우울과 불안을 안겨주었습니다. 내면의 고통을 오락성 약물로 달래려 했고, 그 결과 생방송 중 발작을 일으키게 됩니다.

댄은 의사의 상담을 받은 후 자신의 심리 상태에 대해 경각심을 갖게 되었습니다. ABC 홈페이지에 올린 글에서 이렇게 고백했습니다.

> 진료실에 앉아 있을 때, 심리적 부작용은 생각지도 못한 채 교전 지역으로 성급하게 뛰어든 것부터, 인위적으로 아드레날린을 분출시키기 위해 약물을 이용한 것까지, 내가 엄청나게 무지한 행동을 했다는 것을 깨달았다. 나는 마치 몽유병 환자처럼 돌아다니며 멍청한 행동을 수없이 저질렀다.

댄이 말한 '멍청한 행동'은 그의 머릿속에서 벌어진 모든 일에 대한 인간적인 반응일 뿐입니다. 삶이 치열하고 복잡해지면 우리의 마음은 탈출구를 찾습니다. 지나치게 많은 정보, 부정적인 환경에의 과도한 노출, 너무 많은 선택지는 오히려 건강하지 못한 방향으로 대처하게 되는 결과를 낳습니다.

선택의 역설

자유로운 사회에서 선택의 자유는 중요한 가치를 갖고 있지만, 지나치게 폭넓은 선택지는 정신 건강에 역효과를 냅니다. 심리학자인 배리 슈

워츠는 선택의 여지가 늘어날수록 불안과 망설임, 무력감과 불만족이 커진다는 자신의 연구 결과를 압축적으로 보여주는 '선택의 역설'이라는 말을 만들어 냈습니다. 선택의 기회가 많으면 객관적으로는 더 나은 결과를 가져올 수 있지만, 그것이 여러분을 행복하게 해주는 것은 아닙니다.

쉽게 말해서, 마트에 간다고 생각해봅시다. 미국 식품 마케팅 협회에 의하면, 2014년 대형마트에 입고되는 품목 수는 평균적으로 42,214개에 달합니다. 과거에는 마트에서 필요한 물건을 집어 드는데 10분이면 충분했지만, 지금은 최고급 품질의 요구르트나 글루텐을 함유하지 않은 크래커를 사려고 고민하느라 훨씬 더 많은 시간이 걸립니다.

누구나 옷장 속에 하나씩은 기본으로 가진 청바지를 사러 간다고 생각해 보더라도 결정할 문제가 줄줄이 이어집니다.

배기바지, 아니면 나팔바지? 스키니, 아니면 통바지? 단추 여밈, 아니면 지퍼 여밈? 빈티지 워싱?

청바지 하나 사려다가 숨이 멎을 지경입니다.

스티브 잡스와 마크 저커버그, 심지어 오바마 대통령도 옷을 고를 때 드는 고민을 최대한 줄이기 위해 선택의 폭을 좁혀 놓았습니다. 〈배너티 페어〉에 실린 마이클 루이스의 기사에서 오바마 대통령은 왜 자신이 몇 가지 옷만 정해 두고 입는지에 대해 이렇게 밝혔습니다.

"제가 회색과 파란색 양복만 입는다는 것을 잘 아실 겁니다. 저는 결정할 일을 줄이려고 합니다. 무얼 먹을까, 무얼 입을까에 대한 결정까지 하고 싶지 않아요. 그 외에도 결정할 일이 너무 많습니다."

지나치게 많은 '잡동사니'

사람들은 집에 두 번 다시 입지 않을 옷과 읽지 않을 책, 필요 없는 장난감, 쓰지 않는 전자기기들을 쌓아 놓고 있습니다. 이메일의 받은 편지함은 항상 넘쳐납니다. 컴퓨터 바탕화면은 어수선하고, 휴대폰에는 '저장 공간이 부족합니다.'라는 알림 메시지가 깜빡입니다.

여러분은 현실 세계와 상호작용하고 경험하는 대신 즉석에서 만들어진 정보나 오락거리에 임기응변으로 대처하는 기기의 노예가 되어 갑니다.

끊임없이 생성되는 정보의 홍수와 새롭게 나오는 최신 기술 덕분에 엄청난 양의 정보와 물건을 그 어느 때보다 쉽게 얻을 수 있습니다. 마우스 버튼 한 번만 누르면 책부터 모터보트까지 무엇이든 주문하여 집에서 편하게 받아볼 수 있습니다.

우리는 필요 없는 물건으로 집을 가득 채우고, 쉴 새 없이 올라오는 트윗과 최신 기사, 블로그, 웃긴 동영상을 보면서 시간을 보냅니다. 정보와 잡동사니가 주변에 잔뜩 쌓여 가고 있지만 우리는 속수무책으로 방치할 수밖에 없습니다.

불필요한 물건과 정보는 시간과 생산성을 잡아먹을 뿐만 아니라, 예민하고 불안하고 부정적인 생각을 키웁니다.

예를 들면 이런 것들입니다.

"내 페이스북 친구는 행복해 보여. 내 삶은 형편없는데."
"오래 살려면 핏비트(FitBit)을 사서 내 건강 상태를 점검하는 게 낫겠지?"
"세상에, '서른이 되기 전에 1억 모으기' 세미나를 놓쳤잖아! 정말 중요한 얘기를 했으면 어쩌지?"

모든 일이 중요하고 시급해 보입니다. 이메일과 문자 메시지에는 모두 답해야 합니다. 최신 기기나 신기한 물건은 꼭 사들여야 하지요. 우리는 이런 생각에 끊임없이 휘둘리고 사소한 문제에 발목이 잡혀서 주변 사람, 자신의 감정으로부터 멀어집니다.

우리는 새로운 물건과 최신 정보를 소비하느라 너무 바쁜 나머지 정리할 시간이 없다고 여깁니다. 그러나 이렇게 분주하게 살다 보면 어느 순간 정신적, 감정적으로 탈진 상태에 이르게 됩니다. 삶에 밀려드는 모든 일을 처리하면서, 우리는 한계점에 이르기까지 우리 자신에 대해서 분석하고, 생각에 잠기고, 고민합니다.

한때 우리에게 안정감과 분별력을 제공하던 가치와 삶의 우선순위는 어디로 간 걸까요? 그것들을 되찾으려면 우리는 무엇을 해야 할까요? 과거로 되돌아갈 수도, 발달한 기술의 도움 없이 살아갈 수도 없습니다. 모든 재산을 포기하고 동굴에 들어가 살 수도 없습니다. 그러므로 우리는 현대사회에서 평정심을 잃지 않고 살아갈 방법을 찾아내야 합니다.

잡동사니를 정리하고, 디지털 기기를 사용하면서 허비하는 시간을 줄이면 불안감과 부정적인 생각을 어느 정도 줄일 수 있습니다. 하지만 그밖에도 부정적인 생각과 걱정, 후회를 유발하여 어수선한 마음속에서 길을 헤매게 하는 요인은 수두룩하게 많습니다.

우리는 건강, 직업, 자녀들, 인간관계, 외모, 타인의 시선, 테러, 정치, 경제, 과거의 트라우마, 예측할 수 없는 미래에 대해 걱정합니다. 우리는 이러한 걱정거리에 시달리고, 매사를 뒤죽박죽 휘젓는 마음속의 목소리는 지금 이 순간 누려야 할 행복을 가로막습니다.

부정 편향

"깊은 밤 침대에 누워 있을 때, 내 기억이 시작된 순간부터 뇌리를 파고들며 끊임없이 주절대던 내면의 목소리가 내 삶을 갉아먹고 있다는 사실을 처음으로 깨달았다."

댄 해리스 Dan harris

오늘날 인간의 신경계는 6억 년에 걸쳐 진화해 왔지만, 하루에도 몇 번씩 위협적인 상황을 겪으며 오직 생존만을 목표로 삼았던 초기 인류의 신경계와 다르지 않은 반응을 보입니다.

UC 버클리 대학교 그레이터 굿 사이언스 센터의 선임 연구원인 릭 핸슨 박사는 자신의 홈페이지에 게재한 글에서 다음과 같이 주장했습니다.

"우리 조상들은 생존을 위해 인간의 뇌가 속임수를 써서 (위협에 대처하고 기회를 잡을 수 있도록) 세 가지 착각을 하게 만드는 방향으로 진화해 왔다. 즉, 위협은 과대평가하는 반면, 기회는 과소평가하고, 자원은 적게 추산한다."

따라서 인간은 긍정적인 자극보다 부정적인 자극에 더욱 강한 반응을 보이는 **'부정 편향'으로 진화해 왔습니다.** 부정적인 자극은 같은 강도의 (시끄럽거나 밝은) 긍정적인 자극보다 신경 활동을 더욱 활성화합니다. 또한, 부정적인 자극은 좀 더 쉽고 빠르게 감지됩니다. 핸슨 박사는 "부정적인 경험은 접착테이프처럼 달라붙고, 긍정적인 경험은 코팅된 프라이팬처럼 밀어낸다."라고 말했습니다.

그렇다면 부정 편향이 인간의 생각과 무슨 관계가 있을까요? 우리는 원래 지나치게 많이 생각하고, 걱정하고, 상황을 실제보다 더 부정적으로 바라보도록 타고났다는 것입니다. 우리는 위협과 도전을 실제보다 훨씬 심각하게 받아들입니다.

마음속에 떠오른 부정적인 생각을 실재하는 것으로 여기고 현실로 받아들이려는 충동이 생깁니다. 하지만 우리는 하루하루 생명의 위협에 시달리는 원시인이 아닙니다. 인간은 본디 부정적으로 생각하도록 타고났을 수도 있지만, 이러한 기질에 순응할 필요는 없습니다.

샘 해리스는 우리의 의식을 스쳐 가는 생각을 자기 자신과 동일시하지 않을 방법이 있다고 주장했습니다. **그 방법은 마음 챙김입니다.** 마음 챙김은 일상생활에서 쉽게 실천에 옮길 수 있으며, 이 책에 소개된 방법들을 통해 익힐 수 있습니다.

마음 챙김은 미래에 대한 복잡한 생각을 떨쳐내고, 지금 이 순간에만 집중하도록 뇌를 재훈련하는 방법입니다. 마음 챙김 수련을 하면 우리는 더 이상 생각에 얽매이지 않게 됩니다. 무엇이든 그저 지금 하는 일에 집중하게 되는 것이지요.

간단해 보이지 않나요?

개념은 믿을 수 없을 만큼 간단하지만, 생각을 바꾸기란 그리 쉬운 일이 아닙니다.

새로운 습관을 기를 때와 마찬가지로, 마음을 정리하려면 부단한 연습과 인내, 사소한 것부터 시작하여 차차 나아지려는 의지가 필요합니다. 우리는 이 책을 통해 여러분에게 이 모든 방법을 소개할 수 있게 된 것을 기쁘게 생각합니다.

여러분은 자신의 뇌를 훈련하고 생각을 다스리는 수련을 하게 될 뿐만 아니라, 매일 이러한 정신적 수련에 도움이 될 특별한 습관을 체득하게 될 것입니다.

지금부터 **생각 정리에 활용할 4가지 습관**을 살펴보겠습니다. 생각을 다룰 수 있게 되면, 집중력과 생산성이 높아지는 것은 물론, 비정상적인 현대사회의 삶에서 평온함을 유지할 수 있습니다.

그러면 여러분의 뇌를 재훈련하기 위한 첫 번째 습관인 집중 심호흡에 대해 살펴보겠습니다.

마음 정리 습관 1 집중 심호흡

> "감정은 바람 부는 하늘의 구름처럼 오간다. 의식적인 호흡이 닻처럼 나를 고정해준다."

틱낫한 Thich Nhat Hanh

우리는 하루에 약 2만 번 정도 숨을 쉬지만, 호흡을 그다지 중요하게 생각하지 않는 것 같습니다. 뇌는 몸의 필요에 따라 자동으로 호흡을 조절합니다. 계단을 오르거나 달리기를 할 때, 우리는 "근육에 산소를 좀 더 공급하려면 숨을 더 힘껏, 깊이 들이쉬어야지"라고 생각하지는 않습니다. 저절로 일어나는 현상이기 때문이지요.

몸 상태가 바뀌면서 호흡 조절이 필요해지고, 뇌의 감지장치와 혈관, 근육, 폐가 각자의 역할을 담당합니다. 하지만 우리가 원한다면 언제나 그 역할을 대신할 수 있으며, 그럴 능력도 충분합니다. 숨을 느리게 쉴 수도 있고, 호흡법(흉식 또는 복식)을 바꿀 수도 있으며, 호흡의 길이도 조절할 수 있습니다.

호흡이 바뀌는 것은 중압감과 스트레스를 느끼고 있다는 첫 번째 신호입니다. 우리는 불안하고 우울하고 시간에 쫓기고 화났을 때, 호흡이 짧고 빨라집니다. 현대사회의 생활 방식과 업무 환경도 불규칙적이고 얕은 호흡에 영향을 미칩니다.

배리는 《Peace of Mindfulness: Everyday Rituals to Conquer Anxiety and Claim Unlimited Inner Peace》에서 다음과 같이 설명했습니다.

우리는 주로 앉아서 하루를 보내기 때문에, 수렵, 채집, 농경 등 육체노동을 하던 과거 조상들처럼 깊게 호흡할 필요를 그다지 느끼지 못합니다. 책상 앞에 앉아 있거나, 소파에 주저앉아 TV를 보면서, 우리는 짧고 얕은 호흡에 익숙해졌습니다.

바쁘고 시간에 쫓길 때 우리는 빠르고 불안정하게 숨을 쉽니다. 스트레스를 받고 불안하거나 어떤 문제에 몰두해 있을 때, 근육이 긴장하여 몸이 수축하면, 우리는 허리를 굽히고, 고개를 숙이고 팔짱을 낍니다.

이런 자세는 모두 호흡에 방해가 됩니다. 가끔 스트레스를 받고 걱정이 될 때, 호흡을 관장하는 근육이 긴장하여 숨을 내쉬는 것을 방해할 정도로 압박하면, 우리는 호흡을 완전히 잊어버립니다.

보통은 호흡이나 자세에 크게 신경을 쓰지 않지만, 자신이 어떻게 숨 쉬는지 더 잘 알게 되는 것만으로도 몸과 마음이 차분히 가라앉습니다.

이제부터 자신의 호흡에 집중하면서, 그저 온종일 어떻게 숨을 들이쉬고 내쉬는지 알아보세요.

집중 심호흡을 연습하려면 다음 4가지 사항을 염두에 두어야 합니다.

1

책상 앞이나 소파에 구부정하게 앉아 있지 말고, 폐에 산소가 들어갈 공간이 충분히 확보되도록 허리를 꼿꼿이 세우고 앉으세요. 어느 부위가 긴장되어 있는지 알아본 후 그 부위에 '숨을 불어넣는다.'라고 생각하면서 호흡하고, 긴장이 풀리는지 살펴보세요.

2

입이 아닌 코로 숨을 쉬어야 한다는 것을 기억하세요. 코는 불순물이나 과도하게 찬 공기가 몸 안으로 유입되지 않도록 방어하는 기능을 합니다. 또한, 몸에 해로운 유독성 가스를 감지할 수도 있습니다. 구강호흡을 하면 폐에 바이러스와 박테리아가 유입될 수 있습니다.

3

숨을 들이쉴 때는 배를 살짝 내밀고 복식호흡으로 마치 뱃속을 가득 채우는 것처럼 공기를 흡입합니다. 숨을 내쉴 때는 공기를 천천히 내보내며 배를 원상태로 되돌립니다.

4

(가슴에서 끝나는) 얕은 호흡과 (폐의 아래 옆까지 채워서 원활한 산소 교환을 촉진하는) 복식호흡, 또는 횡격막 호흡이 어떤 차이가 있는지 주의를 기울여 보세요. 복식호흡을 하면 횡격막이 움직이면서 복부 내 기관들을 마사지해 주기도 합니다.

부정적인 생각을 떨쳐 내고 마음을 다스릴 수 있는 한 가지 좋은 방법은 천천히, 깊게, 규칙적으로 호흡하는 것입니다. 이러한 집중 호흡은 부교감 신경계를 자극하여 심장 박동수를 낮추고, 근육을 이완시키고, 마음을 가라앉히며 뇌 기능을 정상화합니다.

심호흡을 하면 우리의 몸과 마음이 이어져 있다고 느껴지며, 걱정에서 벗어날 수 있고, 내면의 목소리를 잠재울 수 있습니다. 심호흡을 하면 나타나는 심리적 변화를 '이완반응'이라고 부릅니다.

이완반응은 교수이자 작가, 심장병 전문의이며, 하버드 대학교 심신의학 연구소의 설립자인 허버트 벤슨 박사가 처음 사용한 용어입니다. 벤슨 박사는 다양한 스트레스 관련 질환 치료에 있어서 (횡격막호흡을 포함한) 이완요법의 여러 가지 장점을 널리 알린 《마음으로 몸을 다스려라》를 저술했습니다.

벤슨 박사는 "이완반응은 스트레스에 대한 신체적 정신적 반응을 바꾸는 깊은 휴식 상태를 말한다…이는 투쟁-도피반응과 정반대다."라고 주장했습니다.

심호흡은 이완반응을 촉진할 뿐만 아니라, 연구를 통해 검증된 건강상의 이점이 많습니다. 코를 통한 심호흡이 우리 몸에 어떤 영향을 미치는지 정리해 보면 다음과 같습니다.

- 코로 숨을 쉬면 비강에서 배출되는 강력한 면역 증진 분자인 산화질소가 활성화됩니다.
- 독소가 제거되고 산소 공급이 늘어나서 혈액의 질이 개선됩니다.

- 위와 소화기 계통이 더욱 원활하게 작용하여 음식물의 소화와 흡수를 돕습니다.
- 산소 공급이 늘어나서 건강이 증진되고 신경계의 기능이 증진됩니다.
- 혈액순환이 원활해져서 복부 내 기관과 심장의 기능이 개선됩니다.
- 폐가 건강해져서 호흡기 질환 예방에 도움이 됩니다.
- 심장이 효율적으로 작동하고 튼튼해지면서 심장의 부담이 줄기 때문에 혈압이 낮아지고, 심장병 예방에 도움이 됩니다.
- 결국, 여분의 산소가 지방을 더욱 효과적으로 연소시키므로 체중 관리에 도움이 됩니다.

매일 복식호흡을 깊게 몇 분씩만 연습하면, 수많은 연구와 실험을 통해 정신을 맑게 하고 스트레스를 줄이며 몸과 마음을 이완시킬 수 있다고 검증된 오래 사는 습관을 기를 수 있습니다.

배리는 일하다가 잠시 휴식을 취할 때,

잠자리에 들기 전 몸과 마음을 편안히 하고 싶을 때 등,

하루에도 몇 번씩 심호흡하기를 좋아합니다.

우리는 유독 생각이 많아질 때, 스트레스가 심할 때, 불안이 커질 때뿐만 아니라, 어느 때 어디서나 마음 챙김 호흡을 할 수 있습니다. 하루 단 몇 분이라도 마음 챙김 호흡을 하면 행복감이 들면서 마음의 평온을 얻을 수 있습니다.

집중 심호흡이 다음에 소개할 명상 수련의 기초가 되므로 매일 정해진 시간에 규칙적으로 심호흡하는 습관을 들이는 것이 더 바람직합니다. **5분에서 10분간의 심호흡이 습관으로 자리 잡으면, 이 습관이 명상 수련에 쉽게 다가갈 수 있는 도화선, 또는 출발점이 됩니다.**

다음은 매일 심호흡 습관을 다지기 위해 활용하는 **7단계의 과정**입니다.

1단계 심호흡할 시간을 정합니다. 될 수 있으면 양치질처럼 하루도 빠짐없이 하는 일상적인 습관 다음에 하도록 정하는 것이 좋습니다.

2단계 아침은 언제나 심호흡하기 좋을 시간입니다. 아침을 어떻게 보내느냐에 따라 그날 하루가 달라지기 때문이지요. 하지만 근무시간 동안 정신없이 바쁘게 일하다가 중간에 심호흡하며 휴식을 취하는 것도 좋습니다. 잠자리에 들기 전 편안한 기분이 들도록 취침 전에 심호흡하는 것도 좋습니다.

3단계 방해받지 않을만한 조용한 장소를 선택하세요.

4단계 타이머를 10분으로 맞춰둡니다.

<table>
<tr>
<td>(5단계)</td>
<td>바닥에 방석을 깔고 앉아 책상다리하고 명상 자세를 취하거나, 의자 위에 등을 꼿꼿이 세우고 앉아서 양발을 바닥에 닿게 합니다. 손은 양 무릎 위에 가볍게 올려놓습니다.</td>
</tr>
<tr>
<td>(6단계)</td>
<td>코로 천천히 숨을 들이쉬면서 폐를 가득 채우고, 배를 내밉니다. 숨을 다 들이쉬면 둘을 셀 동안 숨을 참습니다.</td>
</tr>
<tr>
<td>(7단계)</td>
<td>천천히, 부드럽게 숨을 완전히 내쉬면서 배를 원래 상태로 되돌립니다. 마찬가지로 숨을 멈춥니다.</td>
</tr>
</table>

처음 시작할 때는 한 번에 너무 많이 들이쉬지 않도록 하세요. 처음에는 넷을 셀 동안 들이쉬고, 둘을 셀 동안 숨을 참은 후, 넷을 세면서 내쉽니다. 호흡이 가빠지는 것 같다면 너무 깊이 들이쉬지 마세요. 연습하다 보면 점차 폐활량이 커지고 공기를 더 많이 들이쉴 수 있습니다.

이제 집중 심호흡과 관련된 또 다른 마음 챙김 수련을 통해 한 차원 높은 단계의 고요함과 마음의 청정함, 내면의 평화를 경험해 봅시다.

마음 정리 습관 2 명상

> "명상은 단순히 마음을 진정시키는 방법이 아니다. 보통 사람들의 마음 속에 이미 존재하지만, 매일 떠오르는 오만가지의 생각 더미에 묻혀 있는 평온함으로 이끌어주는 방법이다."

디팍 초프라 Deepak Chopra

불교도나 신비주의자, 크리스탈의 신비한 힘을 믿는 옛 히피만이 명상을 하는 것은 아닙니다. 어떤 영적, 종교적 신념을 가졌든 종교를 믿지 않든 간에 누구나 명상의 이점을 취할 수 있고 마음을 정리할 도구로써 명상을 활용할 수 있습니다.

명상을 전혀 해보지 않았거나 명상이 익숙하지 않은 사람이라면, 조용히 가부좌를 틀고 앉아 마음을 비운다는 생각만으로도 거부감을 느낄 수도 있습니다. 그러나 동굴에 들어앉아 명상하는 수도자 같은 진부한 모습을 떠올리며 시도조차 안 할 필요는 없습니다.

댄 해리스는 《10% 행복 플러스》에서 "명상을 널리 알리는 데는 큰 어려움이 있다 … 하지만 선입견에 얽매이지 않는다면 명상은 단순히 뇌 운동이라는 사실을 깨닫게 될 것이다."라고 강조했습니다.

명상은 고대 불교와 힌두교, 중국 전통으로부터 시작되어 수천 년간 이어져 왔습니다. **명상 수련 방식은 여러가지가 있지만, 대부분 조용히 앉아서 호흡에 집중하며 머릿속에 떠오르는 잡념을 떨쳐 버리는 방식으로 시작합니다.**

명상의 목적은 명상 수련 방식과 명상하는 이가 얻고자 하는 결과에 따라 달라집니다. 이 책에서 제시하는 명상의 목적은 여러분이 앉아서 명상

할 때든 그렇지 않을 때든 언제나 **마음을 단련하고 생각을 다스리는 수단**으로 삼도록 하는 것입니다.

명상을 하면 일상생활로 이어져서 걱정과 과도한 생각을 다스리는 데 도움이 되고, 건강에도 이롭습니다.

명상을 통해 만족을 얻으려면 그저 연습해야 합니다. 매일 명상에 전념한다면, 시간이 갈수록 자신의 기량이 높아지고, 정신적, 신체적, 정서적인 이로움이 커진다는 사실을 알게 됩니다.

배리는 명상을 한 날에는 걱정과 흥분이 줄어들고, 특히 글쓰기에 더욱 집중하게 되었다는 사실을 알아챘습니다. 지금 이 순간에 머무는 능력이 크게 향상되어서, 다른 유혹이 생긴다고 하더라도 다시 하던 일에 주의를 집중할 수 있게 되었습니다. 결국, 배리는 하루 중 유독 스트레스가 심한 시간에 긴장을 풀어줄 짧은 명상을 하여 긴장을 풀게 되었습니다.

명상 단계는 간단하고 쉽지만, 생각만큼 실천하기는 쉽지 않습니다. 마음을 가라앉히고 집중하려는 노력이 마치 벼룩을 훈련시키는 것과 마찬가지라는 생각이 듭니다. 하지만 연습을 하면 할수록 더욱 수월하게 명상을 즐길 수 있습니다.

데이비드 레비 교수는 〈USA 투데이〉와의 인터뷰에서 "명상은 헬스장에서 운동을 반복하는 것과 꽤 비슷하다. 명상은 집중력이라는 근육을 강화한다."라고 설명했습니다.

이 책에서 제시한 모든 실천 방법 중에서 명상은 전반적으로 우리 삶의 행복에 가장 깊은 영향을 줄 수 있습니다. 명상은 오랫동안 집중력을 강화하는 방법으로써 장려되었지만, 최근에 와서야 이러한 주장이 연구를 통해 입증되었습니다.

- 워싱턴 대학교에서 실시한 연구에 의하면, 명상은 생산성과 집중력을 높입니다.
- 〈뇌연구보고〉지에 게재된 논문에서 명상이 스트레스를 줄여준다는 주장을 과학적으로 뒷받침합니다.
- 매사추세츠 대학교 의과대학의 연구는 명상이 전반적인 지능을 높이는 데 여러모로 도움이 된다고 밝혔습니다.
- 또 다른 연구는 명상이 뇌의 노화를 늦추고, 우울증과 불안 증세를 개선하고, 뇌의 학습과 기억 영역을 강화하며, 중독 문제를 해결하는 어떤 역할을 한다고 밝혔습니다.
- 명상은 새로운 아이디어를 이끌어 내어 창의력을 키우는 확산적 사고를 활성화한다는 연구 결과가 있습니다.

이러한 연구 결과는 명상의 엄청난 효과가 수천 년 동안 쌓여온 일화가 많은 증거에 의해 입증되었을 뿐만 아니라, 확실한 과학적 연구를 통해 입증되었다는 사실을 뒷받침합니다.

오늘부터 당장 따라 할 수 있는 배리와 스티브의 간단한 10분 명상을 시작해 봅시다. 명상 수련이 별스럽거나 복잡하지 않습니다. 특별한 복장이나 장비도 필요 없습니다. 조용한 공간과 하려는 의지만 있으면 충분합니다.

지금부터 명상 습관을 기르는 간단한 **11단계의 과정**을 소개합니다.

1
단계

완벽히 독립된 조용하고 마음이 차분해지는 장소를 선택하세요.

2
단계

하루 중 명상을 할 시간을 정합니다. 심호흡 연습을 시작했다면, 이것을 새로운 명상 수련의 출발점으로 삼을 수 있습니다. 그렇지 않으면, 그 외에 다른 활동을 출발점으로 삼아 하루 중 또 다른 시간에 명상 수련을 할 수도 있습니다.

3
단계

명상할 때 바닥에 방석을 깔고 앉아서 할지, 의자나 소파에 등을 꼿꼿이 세우고 할지 정합니다. 명상 중에 잠이 들 수도 있으므로 뒤로 기대지 않도록 하세요.

4
단계

집중에 방해가 될만한 요소는 모두 치우고, 스마트폰이나 소음을 내는 가전제품은 모두 꺼둡니다. 애완동물도 명상 장소에서 내보냅니다.

5
단계

타이머를 10분에 맞춥니다.

6
단계

의자에 앉거나 바닥에 방석을 깔고 책상다리를 하고 편안하게 앉습니다. 척추를 똑바로 세우고 양손은 무릎에 가볍게 얹어 놓습니다.

7
단계

눈을 감고, 혹은 눈을 뜬 채로 아래쪽에 시선을 둔 다음, 코로 깊은 정화 호흡을 합니다. 호흡은 3회에서 4회 시행하는 것이 좋습니다.

8
단계

점점 호흡을 의식하게 됩니다. 코를 통해 들어왔다 나가는 공기와 가슴과 복부의 오르내림에 주목해 보세요. 무리하지 않고 자연스럽게 숨을 들이쉽니다.

9
단계

호흡할 때의 느낌에 집중합니다. 숨을 들이쉬면서 '안으로', 내쉬면서 '밖으로'라고 생각해도 됩니다.

10
단계

처음에는 온갖 잡념이 떠오를 것입니다. 생각이 떠오를 때마다 그대로 내버려 두고 다시 호흡을 느끼는 데 집중합니다. 잡념이 끼어든다고 자책하지 마세요. '마음속의 원숭이'가 주도권을 되찾으려 하는 것이니까요. 마음을 다잡고 다시 호흡에 주의를 집중합니다. 처음에는 이것을 수십 번 반복해야 할 겁니다.

11
단계

호흡에 집중할 때, 소리, 신체적 불편함, 감정 등을 의식하고 느끼게 될 수도 있습니다. 이런 느낌이 의식에 떠오르면 그 느낌을 인지하고, 다시 서서히 호흡을 느껴봅니다.

모든 소리, 감각, 감정, 생각이 나타났다가 사라질 때, 점차 관찰자의 입장이 되어 바라보는 것을 목표로 삼아야 합니다. 어떤 판단이나 내면적 비판을 배제하고, 마치 멀찍이 서서 구경하듯 바라보는 것입니다.

잡념이 생기거나 산만해질 때마다 피하려고 하기 보다 마음을 다잡으면, 결국 마음을 점점 더 잘 다스릴 수 있게 되고, 지금 이 순간에 다시 집중할 수 있는 능력을 키우게 됩니다.

처음에는 마음속의 원숭이와 끊임없이 싸우는 느낌이 들 것입니다. 하지만 연습을 거듭하면 주의를 되돌리려는 노력을 계속할 필요가 없게 됩니다. 생각은 자연스레 줄어들면서 마음은 한없는 정적과 지금 이 순간에 머무는 광대함과 마주할 수 있게 됩니다. 이런 경험은 깊은 평화와 만족을 선사합니다.

명상의 대가들은 이 정적의 공간을 생각과 생각 사이의 '틈'이라고 부릅니다. 처음에는 그 틈이 매우 짧아서, 그 순간에 몇 나노초(10억분의 1초) 이상 머무를 수 없을 것입니다. 명상에 좀 더 익숙해지면 그 틈이 넓어지고 자주 나타난다는 것을 알게 될 것이고, 그 안에서 더 오랜 시간 휴식을 취할 수 있습니다.

명상 수련을 하면 우리는 생각과 생각 사이에 나타나는 찰나의 공간을 체험할 수 있습니다.

눈을 감고 자기 생각에 관심을 기울여 봅시다.

잠깐 오가는 생각을 그저 지켜보세요.

그런 다음 자신에게 질문을 던져봅니다.

"다음에는 무슨 생각을 하게 될까?"

멈추고 답을 기다리세요.

답을 기다리는 동안 생각과 생각 사이에 짧은 틈이 있다는 것을 알아챌 것입니다.

《지금 이 순간을 살아라》의 저자 에크하르트 톨레는 이 틈을 체험하는 것을 고양이가 쥐구멍을 지켜보는 것에 비유했습니다. 우리는 정신을 바짝 차리고 기다리지만, 그 틈에는 어떤 생각도 없습니다.
듣기에 깊이 몰두하여 '생각 사이의 공간'을 찾는 수련을 할 수도 있습니다.
말없이 앉아서 마치 먼 곳에서 들려오는 조용한 소리에 귀를 기울이는 것처럼 집중하며 듣습니다.

다시, 신경을 곤두세운 다음, 정신을 차리고 주의가 흐트러지지 않은 상태로 기다립니다.

명상 초기에는 틈의 순간을 느끼지 못합니다. 사실, 생각이 끊임없이 방향을 틀고, 몸은 불편하고, 도대체 왜 이런 바보 같은 수련을 하느라 진을 빼는지 알 수 없다는 생각이 들지도 모릅니다.

'제대로' 하지 못한다고 심하게 자책하기도 하고, 이렇게 해서 무슨 진전이 있겠나 싶은 생각이 들기도 합니다. 명상하는 도중에도, 지금 어떤 기분인지, 명상이 어떻게 진행되고 있는지에 대해 종잡을 수 없이 들려오는 내면의 목소리 때문에 마음은 갈 곳을 잃어버립니다. 생각 사이의 틈을 체험했다 하더라도, 마침내 체험했다는 황홀한 기분에 도취돼서 주의가 흐트러질 수도 있습니다.

우리가 할 일은 마음을 단지 관찰하면서, 호흡하고 있는 지금 이 순간에 집중하도록 되돌리는 것입니다. 우리가 명상 수련을 하는 목적은 해탈이나 영적 각성에 이르기 위한 것이 아닙니다. 우리 마음이 의도를 알아채고 받아들일 때까지 마음을 다스리는 능력을 키우는 것입니다. 이런 노력의 대가로 마음이 우리를 지배하는 것이 아닌, 우리가 다스릴 수 있는 마음의 안식처를 얻게 됩니다.

몇몇 사람들은 명상 가이드를 활용해 수련을 익히고 집중을 유지하는 데 도움을 얻기도 합니다. 인터넷에서 무료로 제공되는 명상 가이드도 많이 있고, 스마트폰 앱도 다양합니다.

명상을 시작하는 데 도움이 되는 3가지 앱을 추천합니다.

Buddhify : 다양한 주제에 대한 80종 이상의 맞춤형 명상 오디오 가이드를 제공합니다.

Omvana : 유명 작가, 강사, 종교계 인사들의 명상 지도를 받을 수 있습니다.

Headspace : 마음을 편안하게 해주는 10분 명상 시리즈를 제공합니다.

명상이 즐겁다면, 하루 10분에서 30분까지 점차 늘려보세요. 하루 두 번 각각 다른 시간에 15분씩 명상을 하는 것도 좋습니다.

배리와 스티브는 명상 내용과 느낌을 기록하는 명상일기를 쓰는 것을 매우 중요하게 여깁니다. 명상이 끝나고 기억이 생생할 때 즉시 기록하도록 합시다. 얼마나 불편했는지, 집중이 흐트러졌는지, '생각 사이의 공간'을 느낀 순간이 있었는지 적어보세요. 이와 더불어, 불안, 스트레스, 걱정이 심해졌는지 줄었는지 등 매일 자신의 심리 상태의 변화를 적어보세요.

시간이 지나고 나서 명상일기를 보면 수련을 통해 자신의 삶이 얼마나 더 나아졌는지, 명상 수련이 전반적인 마음가짐에 어떤 영향을 미쳤는지를 보여주는 기록이 남게 됩니다.

만약 명상이 자신에게 맞지 않는다면, 마음속에 불쑥 떠오르는 부정적인 생각을 재구성할 수 있는 다른 방법이 있는지 궁금할 것입니다. 그렇다면 다음에 그 이야기를 해 보겠습니다.

마음 정리 습관 3 부정적인 생각 재구성하기

"할 수 있다고 생각하든 할 수 없다고 생각하든,
당신의 생각은 둘 다 옳다."

헨리 포드 Henry Ford

우리가 사고하는 과정은 현대사회에서 살아남아 경쟁하는 데 꼭 필요합니다. 비판적인 사고는 문제를 빠르고 효과적으로 해결할 수 있게 해줍니다. 창의적인 사고는 독창적이고 다양하고 정교한 아이디어와 연상력을 키우도록 해줍니다. 하지만 불쑥 끼어드는 부정적인 생각은 우리 마음을 어지럽히고 삶의 열정을 빼앗아 갑니다.

《행복의 함정》의 저자인 호주의 심리학자 루스 해리스 박사는 이렇게 말했습니다.

> 진화를 통해 인간의 뇌는 심리적으로 고통에 시달리도록 만들어졌다. 즉, 비교하고, 평가하고, 자신을 비난하고, 부족한 것에 신경 쓰는데다가, 가진 것에 금세 만족하지 못하고, 일어나지도 않을 온갖 끔찍한 상황을 가정한다. 인간이 행복을 느끼기 힘든 것은 당연하다.

많은 사람이 부정적인 생각에 고통받으며 일생을 보냅니다. 머릿속에 어떤 생각이 자리 잡을지 선택할 수 없다고 생각합니다. 게다가 더 심각한 문제는 사람들이 하늘이 무너진다고 말하는 마음속의 '목소리'를 믿는다는 데 있습니다.

부정 편향이 있는 것은 사실이지만, 변하려는 노력과 자의식의 영향을 무시할 수는 없습니다. 마음이 걱정과 절망 사이를 헤매도록 내버려 두는 것이 자연스럽다고 생각할지도 모르지만, 우리는 부정적인 생각을 저지하지 않고, 자기 생각을 자신의 정체성으로 받아들이면서 부정적인 생각을 강화해 온 것입니다. 그러나 우리는 **생각을 재구성하는 습관을 길러서** 이러한 성향을 인식하고 그것을 바꿀 능력이 있습니다.

첫 단계는 사고 패턴을 깨닫고, 생각이 통제 불능이 되기 전에 개입하는 겁니다.

다음은 기존 패턴을 깨고 마음을 길들이기 위해 활용할 수 있는 **6가지 실천 방법**입니다. 적용하는 데는 각각 단 몇 분밖에 걸리지 않습니다.

실천방법1 **관찰자 되기**

자기 생각을 의식하기 시작합니다. 내 '자아'를 생각에서 분리하고 마음속에 무슨 일이 벌어지는지만 관찰합니다.

이럴 때 어떤 특정한 생각에 대해 판단하지 않도록 공정함을 유지하는 것이 중요합니다. 그저 자신을 생각에서 분리된 관찰자로 인식합니다.

이 연습은 하루 중 틈틈이 할 수도 있고, 명상 도중에도 할 수 있습니다. 생각에 끼어드는 대신 생각을 관찰하면 생각과 그 생각이 유발하는 감정을 무력화할 수 있습니다.

실천방법 2 생각에 이름 붙이기

생각에서 자아를 분리하는 또 다른 방법은 그것이 현실이 아닌 생각일 뿐이라고 마음속으로 인정하는 것입니다.

예를 들어, "나는 이 일을 절대로 끝내지 못할 거야."라는 생각이 든다면, 그 마음속의 소리를 "나는 내가 이 일을 절대로 끝내지 못할 거라고 생각하는구나."라고 바꾸어 봅시다.

이러면 우리 자신과 생각이 점차 분리됩니다.

실천방법 3 아니라고 말하기

생각이 끝없이 꼬리를 물고 이어지거나 걱정에 사로잡혀 있을 때,

"그만!"

이라고 크게 외치고(입으로 소리를 내면 개입의 효과가 커짐), 떠나가는 생각 앞에 육중한 강철 벽이 쾅 하고 가로막는 장면을 그려봅니다.

배리는 가끔 부정적인 생각을 깊은 구멍 속으로 밀어 버리거나, 둥둥 떠가는 풍선에 집어넣는 모습을 그려봅니다.

실천방법 4 고무줄 요법

손목에 고무줄을 찹니다. 고무줄을 볼 때마다 잠시 멈추고 생각에 주목합니다. 만약 지금 부정적인 생각에 사로잡혀 있다면 고무줄을 다른 쪽 손목으로 옮기거나, 손목에 찬 고무줄을 살짝 튕겨 봅니다. 이러한 물리적인 행동은 부정적인 생각을 차단합니다.

과도한 생각과 부정적 태도는 사람, 상황, 몸상태의 영향을 받습니다. 자신이 자주 곱씹어 생각하는 걱정과 불안을 자세히 들여다보세요.

마음속에서 이런 걱정과 불안의 원인이 될만한 게 있나요?

그렇다면 언제 걱정과 불안이 생기는지 알아내기 위해 유발 요인을 적어봅시다. 유발 요인을 제대로 인식하면 부정적인 생각이 불쑥 튀어나오는 것을 막을 수 있습니다.

주의 돌리기를 통해 부정적인 생각이 반복되는 것을 차단합니다. 부정적인 생각이 끼어들 틈을 주지 않도록 마음을 빼앗길 만큼 좋아하는 활동을 찾아봅니다. 또한, 집중력과 지능을 발휘할 수 있는 활동에 몰입해봅시다.

교통 체증으로 차 안에서 오도 가도 못할 때나 줄을 서서 기다리고 있을 때, 머릿속으로 구구단을 외우거나 시를 암송해도 좋습니다.

마음 정리 습관 4 마음에 새로운 습관들이기

솔직히 말해서, 우리는 항상 어느 정도는 부정적인 생각과 씨름하고 있습니다. 수백 만년에 걸친 진화를 통해 굳어진 것을 순전히 의지만으로 극복하기는 어렵습니다. 루스 해리스 박사는 이렇게 말했습니다. "고통에서 완전히 벗어나려는 노력은 실패할 수밖에 없다."

하지만 우리는 머릿속에 어떤 생각을 남겨 둘 것인지 상황에 맞서 적극적으로 개입하여 고통을 다룰 수 있습니다.

어수선한 생각에 개입하는 행동은 뇌를 재훈련하여 부정적인 생각을 끊어내는 과정의 일부일 뿐입니다. 우리의 마음은 빈 곳이 생기는 것을 극도로 싫어합니다. **그러므로 우리는 다시 예전 패턴을 향해 위태롭게 질주하지 않도록 빈 곳을 건설적인 생각으로 채울 필요가 있습니다.**

이를 위해 다음 4가지 실천 방법을 소개합니다.

실천방법 1 생각에 맞서서 재구성하기

사람들은 생각이 대부분 크게 과장되어 있다는 사실을 알고 있습니다. 이 생각들이 전혀 사실이 아니거나, 적어도 일부는 사실이 아닙니다. "나는 패배자야. 나는 아무것도 잘할 수 없을 거야" 이렇게 생각한다면, 그 순간에 우리는 확실히 **패배자**라는 느낌이 들 것입니다. 하지만 이 생각을 가만히 들여다보면 모두 다 사실은 아니라는 것을 깨닫게 됩니다. 우리는 잘 해낸 일도 많고 성공한 적도 많습니다.

'모 아니면 도'라는 극단적인 생각이 마음속을 자유롭게 활보하도록 내버려 두지 않으려면, 부정적인 생각이 떠오를 때마다 단호히 맞서야 합니다.

그러기 위해서 단순하게 자신과 관련된 긍정적인 사건이나, 이전의 성공 경험을 떠올리며 부정적인 생각을 반박할 구체적인 실례를 찾아내야 합니다.

예를 들어, 자신을 작가라고 가정하고 최근 낸 책에 대한 부정적인 서평을 읽었다고 생각해 봅시다. 아마 처음에는 "난 형편없는 작가야. 사람들은 내 글을 싫어해"라는 생각이 들 것입니다. 하지만 여유를 갖고 그 이전에 쓰인 100개의 긍정적인 서평을 읽어 본다면, 독자들이 대부분 자신의 글을 좋아한다는 사실을 깨닫게 됩니다.

긍정적인 기억을 불러일으키는 방법이 처음에는 어색하겠지만, 결국 부정적인 생각이 반복되지 않을 정도로 자신을 단련시켜 줍니다. 이런 습관은 우리가 처한 현실을 통제하여, 무한 질주하는 자기 파괴적 신념에 제동을 걸게 해 줍니다.

실천형법2 받아들이기

그렇다면 "부정적인 생각이 사실이라면 어떻게 해야 하나요?"라는 의문이 들 것입니다. 다시 말해서, 부정적인 생각이 들 타당한 이유가 있는 경우에는 어떻게 대처할까요?

긍정적으로 상황을 바라보는 것이 불가능할 때도 있습니다. 하지만, 그렇게 어려운 상황에 대해서 종종 실제보다 더 나쁘게 생각하고 느끼는 것도 사실입니다.

힘든 시기에 불안해하는 생각을 완전히 없애는 것은 불가능하지만, 상황을 받아들여서 생각을 줄일 수는 있습니다. 현실적인 난관에 부딪혀 고군분투할 때, 우리는 마음에 고통을 한 겹 덧씌우게 마련입니다. 걱정이나 자책은 문제 해결에 도움이 되지 않습니다. 그보다는 냉철하고 침착한 태도가 필요합니다.

부정적인 생각과 사투를 벌일 때, 잠시 멈추고 이렇게 말해봅시다.

"상황이 이렇게 되었다는 사실을 받아들여야 해."

심호흡하고서 부정적인 생각에 맞서 싸우려는 마음을 버립니다. 이러한 문제를 수용하기 시작하면서 우리는,

- 힘든 상황을 개선하고 바로잡기 위해 어떤 행동을 취할지 결정할 수 있습니다.
- 실패를 거울삼아 교훈을 얻을 수 있습니다.
- 어려움을 견디면서 도움이 될 만한 방법을 찾을 수 있습니다.

상황을 받아들이는 것은 조치를 취하지 않는다는 뜻이 아닙니다. 무턱대고 달려들거나 도망치려고 발버둥 친다는 의미도 아닙니다. 올바르고 유용한 조치를 취할 수 있도록 마음가짐을 갖는 것입니다.

실천청법 3 마음 챙김 활동하기

별 의미 없는 생각에 집중하는 대신, 그 에너지를 구조적 사고에 쏟고 행동에 옮기는 것은 어떨까요?

머릿속이 어수선할 때, 부정적인 생각에서 벗어나게 해줄 긍정적인 활동을 하세요. 지능과 집중력이 필요한 일은 무엇이든 효과가 있지만, 우리들이 추천하고 싶은 활동은 자신만의 가치와 목표, 우선순위에 중점을 둔 마음 챙김 활동입니다.

이를 위한 가장 빠른 방법은, 목표를 정하는 것입니다. 사실, 가장 먼저 시작해야 할 마음 챙김 활동은 가치관을 정립하고 우선순위를 정하는 것입니다.

시도해볼 만한 몇 가지 활동을 살펴보면 다음과 같습니다.

- 글쓰기
- 악기 연주하기
- 손으로 무언가 조립하기
- 그림 그리기
- 복잡한 문제 풀어보기
- 공부하기
- 암기하기
- 발표 연습하기
- 처음부터 무언가를 만들어보기

여기 나열한 활동은 집중력과 도전의식을 요구합니다. 그리고 마구잡이로 떠오르는 생각과 걱정에 빠져들지 않도록 해줍니다.

실천방법4 걱정 시간 갖기

습관적인 걱정을 완전히 없앨 수는 없습니다. 혼잣말하고 주의를 환기하는 활동을 하더라도 부정적인 생각이 강하게 몰려들 때가 있습니다.

하지만 그럴 때도 부정적인 생각의 수렁에 곤두박질치지 않을 수 있습니다. 쉽게 빠져나오지 못할 정도로 깊이 빠져들지 않도록 생각하는 시간을 제한할 수 있습니다.

타이머를 10분에서 15분으로 맞추고, 마음속에 드는 생각으로 인해 스트레스를 받도록 내버려 둡니다. 생각을 모두 꺼내놓으세요! 이 시간을 억눌린 감정과 생각을 모두 배출하는 기회로 삼아봅니다. 이 '걱정 시간'에 자기 생각을 일기에 적어볼 수도 있습니다. 손으로 직접 쓰다 보면 생각을 정리하는 데 도움이 되고, 종종 문제에 대한 창의적인 해법을 찾을 수도 있습니다.

알람이 울리면 걱정 시간을 마무리할 수 있도록 자리에서 일어나 (앞서 소개한) 주의 환기 활동을 시도해봅시다. 만약 한 번의 걱정 시간이 충분하지 않다면, 아침에 한 번, 오후에 한 번 시간을 갖도록 계획합니다. 두 번의 걱정 시간 사이에 다시 걱정이 밀려든다면 다음 걱정 시간이 올 때까지 미뤄야 한다는 점을 기억하세요.

생각 정리하기를 마무리하며

이 책에서 제시한 마음 수련 방법들을 모두 활용할 수는 없겠지만, 이 책은 우리가 필요할 때마다 골라 활용할 수 있는 도구상자 역할을 할 것입니다.

배리는 생각에 이의를 제기하고, 그 생각이 항상 현실을 있는 그대로 반영하지 않는다는 사실을 인식하면 걱정과 과도한 생각을 줄이는 데 특히나 도움이 된다는 사실을 알아냈습니다.

여러분은 이 실천 방법 중에 마음을 떠나지 않는 복잡한 생각을 정리할 최적의 방법이 무엇인지 찾아낼 수 있습니다. 원래의 패턴으로 돌아가게 되더라도 실망하지 마세요. 그 어떤 새로운 행동이라도 습관화하려면 규칙적으로 반복해야만 합니다.

지금부터는 주제를 바꾸어 '원인' 식별의 중요성과 그것이 어떻게 이미 마음속에 자리한 장애물을 없애고, 우리에게 가장 중요한 일에 집중하도록 삶을 능률적으로 바꾸는지 살펴보겠습니다.

2장

삶의 책임 정리하기

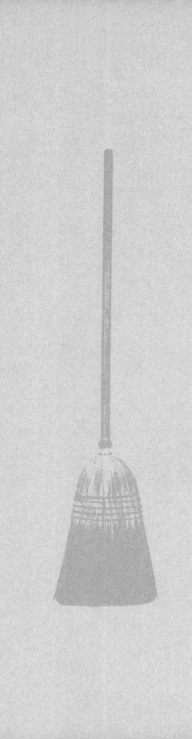

핵심 가치관의 중요성

오늘날 우리는 삶에서 진정 중요한 일이 무엇인지도 깨닫기 어렵고, 얼핏 중요해 보이지만 사실 시간을 내서 따져보면 그다지 중요하지 않은 책임을 가려내기도 힘듭니다. 사람들 대부분은 매일 쏟아져 들어오는 정보를 한도 내에서 평가하고 정리하고 건너뛰는 일이 갈수록 버겁다고 느낍니다.

오늘날 우리는 과거 어느 세대보다 더 다양한 정보와 데이터, 물질적 부를 소유하고 있지만, 이런 생활 양식의 변화에 맞추어 이것들을 우리가 어떻게 다루어야 할지 누구도 설명해주지 않습니다.

대부분 너무 바쁜 나머지, 정보 과잉이 우리에게 미치는 영향을 자세히 살펴볼 여유가 없습니다. 그뿐만이 아니라 우선순위를 정하는 방법도 알지 못합니다. 무엇이 **최선**인지 신중하게 고려하기보다는 당장 눈앞에 닥친 시급한 문제를 처리하는 데 급급합니다.

분명히 우리 조부모와 증조부모도 우리 못지않게 바쁘게 살았을 겁니다. 그분들은 삶을 편리하고 효율적이게 해주는 최신 기술의 수혜를 입지는 못했습니다. 하지만 과거 세대는 정보의 홍수 속에서 헤매며 매 순간 경험하는 선택의 갈림길에 서지 않아도 되었다는 점에서는 오히려 우리보다 나았다고 봅니다.

과거 세대에는 유혹과 돈, 혼란이 될만한 선택지가 지금보다 훨씬 적었기 때문에 무엇을 우선순위에 둘지 명확히 잘 알고 있었습니다. 대공황을 겪으며 자란 세대는 제2차 세계대전 전후의 힘든 시기를 보내며 뚜렷한 가치관과 우선순위, 목적의식을 확고하게 구축했습니다.

가족 중심주의, 신념, 애국심이 동반된 강력한 직업의식은 당시 세대의 정체성을 가장 잘 나타냅니다. 자신의 정체성과 신념에 확신이 있었기 때문에 시간과 에너지를 어디에 쏟아야 하는지도 분명했던 겁니다.

다행스럽게도, '소란스러운' 현대사회에서는 수많은 선택지가 놓인 상황에서 갈피를 잡지 못할 때마다 효과적인 결정을 내리도록 해줄 간단한 해결책이 있습니다. 바로 **핵심 가치관**을 정하는 것입니다.

핵심 가치관이 왜 중요한가?

내적 무질서를 없애고 더욱 충만한 삶을 누리기 위해 우리가 취할 가장 간단한 방법은 우리 삶의 가치관과 행동지침을 정하는 것입니다. 우리는 지금 어느 때보다도 시간과 돈, 에너지를 어떻게 써야 하는지 분명히 밝혀줄 기준이 필요합니다.

기준이 왜 중요할까요?

핵심 가치관은 삶에서 행하는 모든 선택과 결정에 기준이 됩니다. 어떤 사람이 되고 싶은지, 어떤 삶을 살고 싶은지 등의 목표에 집중할 수 있도록 도움을 주기 때문입니다. 자신의 가치관에 맞추어 살다 보면, 명확하게 사고하게 되고 내면이 평화로운 행복한 삶을 누릴 수 있는 최적의 환경이 만들어집니다.

핵심 가치관이 바로 서면 삶의 토대가 마련되어 아무리 큰 시련을 겪고 중대한 변화를 맞이하더라도 참고 견뎌낼 수 있게 됩니다. 핵심 가치관을 확립하면 깊고 견고한 뿌리를 내린 나무처럼 삶의 풍파 속에서 흔들리지 않고 제자리를 지킬 수 있습니다. 가치관이 확고히 자리 잡으면 혼란과 과도한 생각, 걱정과 불안은 줄어들게 됩니다.

예를 들어, 배리는 직장생활에서 업무의 자율성과 유연성을 핵심 가치관으로 삼고 있습니다. 배리는 이러한 가치를 분명히 정하고 난 후, 9시에 출근하고 5시에 퇴근하는 기존의 근무방식으로는 행복한 삶을 누릴 수 없다고 판단했습니다. 그래서 아무리 좋은 직장에서 제의가 온다고 하더라도 자신의 가치관이 분명했기 때문에 부합하지 않으면 분명하게 거절할 수 있었습니다.

자기계발 전문 블로거이자 작가인 스티브 파블리나는 핵심 가치관의 중요성에 대해 다음과 같이 설명했습니다.

가치관은 우리 자신이 '최선'이라고 생각하는 삶에 점점 더 가까워지는 방향으로 나아가도록 하루도 빠짐없이 우리를 제자리에 돌려놓는 나침반과 같은 역할을 한다. '최선'의 삶에 도달하는 것이 이상적이긴 하지만, '최선'의 삶에 이르지 못한다고 하더라도 이상적인 삶에 가까워질수록 우리는 '더 나아진' 삶을 점점 더 즐기게 될 것이다. 이것은 삶에서 맺는 많은 결실이 동일한 연결 선상에 있기 때문으로 이해하면 된다.

자신의 가치관에 따라 행동하지 못하거나, 기존 가치관에 흥미를 잃으면 경로를 이탈하여 불안과 우울함에 시달릴 수도 있습니다. 아직 자신만의 가치관이 없다면, 삶이 불안정하고 가야 할 방향을 잡지 못해도 그 이유를 깨닫지 못할 수 있습니다.

이 장에서는 핵심 가치관을 정하고, 일상생활에서 핵심 가치관과 조화를 이루며 살 수 있도록 삶의 책임에 대해 이성적인 판단을 내리는 데 도움이 될 **4가지 실천 방법**을 살펴보겠습니다.

실천방법 1 핵심 가치관 확인하기

 무언가 잘못되었다는 생각이 드는 이유를 알고 싶다면 자신이 옳다고 믿는 게 무엇인지 확실히 알고 있어야 합니다.

 여러분은 어떤 사람이 되고 싶고, 어떤 삶을 살고 싶은가요?

 가치관을 아직 정하지 않았다면 나침반도 없이 항해에 나선 것이나 다름없습니다. 폭풍우에 무작정 몸을 내맡기고 휩쓸려가는 것과 마찬가지입니다. 과거에 가치관을 세워 놓았더라도, 시간이 지나면서 자신이 추구하는 가치관이 바뀔 수도 있으므로 다시 고민해 보는 것도 나쁘지 않습니다.

 다음은 가치관 정립을 위해 거쳐야 할 **6단계의 과정**입니다.

1
단계

우선, 배리의 블로그(liveboldandbllom.com)에 게시되어 있으며 이 책에도 실려 있는 '가치관을 정할 수 있는 단어 목록'을 살펴보고 개인 생활과 관련하여 자신이 중요하게 여기는 가치를 담고 있는 단어를 선택하여 모두 적어봅니다.

2
단계

작성한 목록을 다시 한번 훑어보면서, 이번에는 직업이나 사업과 관련하여 자신이 중요하게 여기는 가치를 담고 있는 단어를 모두 적어보세요.

3
단계

종이 두 장을 꺼내 한 장은 '인생관', 한 장은 '직업관'이라는 제목을 붙이고 두 분야의 가치관에 어울리는 단어를 각각 다섯 개에서 여섯 개씩 선택하여 적어보세요.

4 단계
선택한 각 가치관과 관련된 단어 아래에 현재 그 가치에 어긋나는 자신의 상황을 모두 적어봅니다. 예를 들어, 가족과 함께 단란한 시간 보내기를 자신의 가치로 삼았지만, 일주일에 다섯 번씩 출장을 가는 사람이라면 이 가치는 지키지 못할 가능성이 높습니다.

5 단계
각각의 가치에 어긋나는 상황을 바로잡기 위해 자신이 할 수 있는 행동이 무엇인지 생각해 봅시다. "핵심 가치관을 지키려면 이 상황을 어떻게 바로잡아야 하는가?"라는 질문을 스스로 던져 보세요.

가족과 함께 단란한 시간을 보내는 것이 가치 중 하나라고 한다면, 출장을 줄여서 가족과 함께 하는 시간을 늘리거나, 집안일을 도와줄 사람을 고용하여 그 시간을 알차게 쓰는 방법이 있습니다. 이처럼 지금 당장 실천에 옮기는 것이 불가능한 행동이라도 개인 생활과 업무에 각각 적용할 수 있는 대안을 있는 대로 적어보세요.

6 단계
작성한 2가지 행동 목록 중에서 지금 당장, 또는 가까운 장래에 실천할 수 있는 행동 옆에 확인 표시를 합니다. 그런 다음 좀 더 쉽게 실천할 수 있도록 세분화하여 구체적인 실천 과제를 정합니다. 세분화된 실천 과제에는 전화하기, 스케줄 조정하기, 맡은 일 위임하기, 이직에 대해 고민하기, 배우자와의 관계 개선 방법 모색하기 등이 포함됩니다.

자신의 목표에 부합하는 행동 목록을 작성했다면, 목록을 매일 점검하면서 원하는 성과를 얻는 방향으로 행동을 해 나가야 한다는 사실을 명심해야 합니다. 인생관을 먼저 시작한 다음 직업관으로 넘어가도 좋고 또는, 두 분야의 가치관에서 각각 하나씩 골라서 동시에 시작하는 것도 좋습니다.

무엇을 선택하든지 간에 개인 생활 영역에서 가장 큰 소외감을 느끼는 부분을 먼저 살펴봐야 합니다. 바로 그곳에서 가장 극심한 내면의 고통과 심적 불안을 겪고 있을 가능성이 크기 때문입니다. 매일 행동 목록을 살피고 다듬어서, 삶에 변화를 가져오고, 자신의 가치관에서 벗어나 무분별하게 헤매지 않도록 한계를 정해야 합니다.

아무리 사소하더라도 조금씩 변화가 일어난다면 우리 마음가짐은 크게 긍정적으로 바뀌게 됩니다. 지금 당장 모두 실천할 수 없다고 하더라도, 진정한 삶을 향한 방향감각과 목적의식을 얻게 됩니다. 이 과정을 통해 우리는 믿을 수 없을 만큼 놀라운 자신감을 얻게 될 것입니다.

가치관을 확인하는 과정에서 과도기도 있고 격변기도 있겠지만, 세상 풍파를 헤쳐나가는 데 큰 도움이 될 것입니다.

실천방법 2 삶의 우선순위 명확하게 하기

핵심 가치관을 정했다면 이를 활용하여 삶을 풍요롭게 해줄 또 다른 활동을 실천에 옮길 수 있습니다. **삶의 우선순위를 명확하게 해서 시간과 돈, 에너지를 어떻게 쓸지 확실히 알게 해줍니다.**

삶의 우선순위를 알지 못하면 일상에 떠밀려 임기응변으로 행동하고 결정하게 됩니다. 이메일이 오면 답장하고, 페이스북에 뜨는 광고에 이끌려 물건을 삽니다. 누군가 업무 흐름을 끊어도 그러려니 하지요. 삶에서 '왜'라는 중요한 질문에 대답하지 못하면 그 어떤 규칙이나 한계, 우선순위를 정한다 하더라도 우리에게 아무런 도움이 되지 않습니다.

현재 우리가 시간, 돈, 에너지를 어디에 쓰는지 알아보기 위해 다음과 같은 질문에 답해 봅시다.

질문에 최대한 정직하게 답해 보세요(인생관과 직업관을 적은 목록을 옆에 두고 참고해 보세요).

▌ **핵심 가치와 관련 없는 활동에 소비하는 시간이 하루에 얼마나 된다고 생각하나요?**
  (즉, 인터넷 검색하기, 넋 놓고 TV 보기, 쇼핑하기, 싫어하는 일 억지로 하기 등)

▌ **무의식적으로 쓰는 돈이 얼마나 되나요?**

🚩 소중한 사람들을 무심결에 어떻게 대하나요?

🚩 직업과 관련된 문제를 어떻게 결정합니까? (즉, 사전에 결정하고 행동하는 편인가요? 아니면 문제가 생길 때마다 대응하는 편인가요?)

🚩 시간과 돈을 최대한 잘 사용하는 방법에 대해 고민하는 시간이 얼마나 되나요?

🚩 삶에서 무의식적으로 받아들이는 업무와 책임, 인간관계에는 어떤 것이 있나요?

🚩 삶에서 중요한 부분이지만 전혀 시간을 낼 생각을 하지 않았던 것을 어떻게 회피해 왔나요?

　　자신이 관심과 에너지를 어디에 쏟는지 파악했다면, 삶의 중요한 영역에 우선순위를 매길 수 있는 가장 좋은 방법을 찾아봅시다.

　　먼저, 우선순위를 정하고, 시간과 돈을 어떻게 써야 할지에 대한 기준을 마련하기 위해 삶을 구성하는 **7대 주요 영역**을 살펴봅시다.

다음 영역 중 현재 자신과 무관한 사항이 있다면, 마음대로 더하거나 빼도 됩니다.

1. 일
2. 가족
3. 결혼생활 (혹은 연애)
4. 영적 성장/개인적 성장/자기계발
5. 여가/친목
6. 생활관리(가사, 재무설계, 가계부 작성 등)
7. 건강관리와 운동

만약 하루에 8시간을 잔다면, 우리가 깨어 있는 시간은 16시간입니다. 그중 먹고 씻는 데 드는 2시간을 제외하면 하루에 남는 시간은 14시간이고 일주일이면 98시간이 됩니다. 계산하기 쉽게 일주일에 100시간이라고 가정합시다.

7대 주요 영역 중 어디에 우선순위를 두고 싶은가요? 일주일에 100시간을 각각의 영역에 얼마씩 투자하고 싶은가요? (자신의 가치관 목록을 활용해 봅시다)

현재 배리의 우선순위는 일, 연애, 생활관리입니다. 배리는 자녀들을 다 키워 놓았고, 최근 새로운 도시로 이사하면서 친구들, 가족들과 멀리 떨어져 살게 되었습니다.

사실, 배리는 건강관리와 자기계발은 물론 여가와 친목 활동에 더 많은 시간을 쏟고 싶어 합니다. 새로운 환경에 점차 적응해 가면서 배리는 이들 활동에 좀 더 관심을 두려고 합니다.

스티브는 최근 결혼을 하고 아들도 낳았으며 이제 70대에 접어든 부모님이 계시기 때문에 가족 관계를 삶의 최우선순위로 두고 있습니다. 요즘 스티브는 세상에서 가장 사랑하는 사람들과 함께 보내는 시간을 가급적 늘리는 것이 목표입니다.

몇 년 전만 해도 스티브는 일(온라인 사업)과 건강관리를 우선순위로 삼았지만, 지금은 인간관계 때문에 우선순위에서 밀려났습니다. 말하자면, 한때 삶의 중요한 목표였던 것들을 '포기'할 때도 있다는 의미입니다. 스티브는 여전히 일을 즐기지만, 자신의 사업이나 건강관리와 관련하여 큰 성과를 거두지 못하더라도 불안해하지 않는 방법을 배웠습니다.

우리들의 사례를 참고해서 여러분이 삶의 우선순위를 정하는 데 도움이 될 다음 2가지 질문에 대답해 보세요.

▌ 현실적인 우선순위와 이상적인 우선순위가 어떻게 다른가요?

▌ 자신이 정말로 중요하게 여기는 것에 노력을 쏟기 위해 취할 수 있는 행동은 무엇인 가요?

우리는 여러분이 삶에서 가장 긍정적인 변화를 이끌어 낼 수 있는 영역, 또는 가장 불안정하다고 느끼는 영역을 우선순위에 두기를 권합니다. 이 영역이 무 엇인지는 자신이 지키지 않고 있는 가치관 한두 가지를 살펴보면 알 수 있습니다.

예를 들어, 가족관계가 핵심 가치관을 차지하고, 가족과 더 많은 시간 을 보내는 것을 우선순위에 두고 있는 사람이라면, 가족과 단란한 시간 을 일주일에 한 시간 더 늘리기로 하는 것과 같이 사소한 활동부터 시작 하면 됩니다.

물론 이렇게 하면 다른 활동을 제쳐 두게 되겠지만, 우리가 쉽게 제쳐 두게 되는 활동은 평소에도 후순위에 두는 것들입니다. 아니면 그런 활동 은 적어도 우선순위가 높지 않은 활동입니다.

우선순위에 둔 활동이 일상생활에 자리 잡아서 이상적인 삶에 더 가까 워질 때까지 매주 시간을 늘려갑니다.

가끔은 우선순위를 바꾸는 것이 어려울 때도 있습니다. 가족과 더 많은 시간을 보내면 업무에 지장을 주게 될까요? 만약 그렇다면 이런 부작용을 보완하기 위해 무엇을 할 수 있을까요?

만약 건강관리를 우선순위로 정하고 완수해 내기로 했다면, 이 우선순위를 기필코 완수하기 위해 새롭고 도전적인 습관을 길러야 합니다.

건강하고 행복한 결혼 생활을 유지하려면, TV나 컴퓨터 앞에 있는 시간을 줄여야 합니다. 물론 처음에는 쉽지 않습니다.

삶의 우선순위를 정했다고 다 해결되는 것은 아닙니다. 삶에 변화를 가져오기 위해서 때로는 힘든 활동도 감수할 수 있어야 합니다. 그러나 여러분이 목표한 이상적인 삶에 더 가까이 다가갈수록 내면의 갈등과 다툼이 점차 줄어든다는 것을 느낄 것입니다.

시간이 지날수록 예전의 생활 방식(습관, 선택, 행동)에 대한 미련을 버리게 될 것이고, 자신의 가치관과 우선순위를 충실히 지키며 진지한 생활을 하기에 삶은 훨씬 더 수월하게 흘러갈 것입니다.

실천방법 3 마음에 간직할 목표를 설정하는 데 집중하기

여러분이 정한 가치관과 우선순위를 더 나은 미래의 삶을 위해 어떻게 적용해야 할 것인지 고민하는 건 당연한 일입니다. 미래에 대한 걱정은 마음을 불안하게 만들지만, 미래에 대한 **계획**은 앞으로 다가올 미래를 충만하게 살 수 있도록 해주는 중요하고 가치 있는 활동입니다.

그런데, 더 나은 미래를 기대하면서도 여전히 현재의 삶에 행복을 느낄 수 있을까요? 현재에 만족하는 동시에 발전을 이룰 수 있을까요? 현재를 온전히 즐기는 법을 배우면서 더 나은 미래를 추구하는 것은 가능하다고 믿습니다.

지금 이 순간의 만족감을 중요하게 여긴 위대한 작가들과 철학자들이 많이 있습니다. 저명한 심리학자 에이브러햄 매슬로는

"지금 이 순간에 머무를 수 있는 능력은 정신건강을 위한 중요한 요소다."

라고 말했습니다.

선불교 승려이자 베스트셀러 작가인 틱낫한 스님은 삶의 매 순간을, 호흡할 때마다, 발걸음 내디딜 때마다 우리 앞에 다가오는 행복한 순간으로 의식하면서 체험하려고 해야 한다는 가르침을 줍니다.

시간이 흐르고, 무언가가 바뀌고, 더 나아진다고 해서 만족감이 높아지는 것은 아니라는 뜻입니다. 지금 이 순간 내 주위를 둘러싼 상황을 긍정적이고 아름답게 보려고 한다면 바로 지금도 만족할 수 있습니다.

물론 행동에 옮기는 게 말처럼 쉽지 않습니다.

현실적으로 우리는 일상생활에서 끊임없이 미래의 일에 휘둘립니다. 공과금을 내는 것부터 자녀의 장래, 건강 문제까지 걱정이 많습니다. 목표를 설정하는 것도 본질은 미래에 초점을 맞춘 것이지요.

미래를 기대하면서 '현재'에 맞서면 괴로워집니다. 지금 이 순간에 대해 만족을 느끼지 못하고 더 많은 것, 새로운 것, 더 나은 것을 바란다면 삶은 의미를 잃게 됩니다.

미래에 대한 집착 때문에 지금 이 순간에서 멀어진다면, 우리는 왜 미래의 목표를 중요하게 생각해야 하나요?

왜냐하면, 우리가 미래의 목표에 집중하기로 했든 하지 않았든 간에, 변화와 변혁은 일어나기 때문입니다.

가부좌를 틀고 앉아 지금 이 순간에 몰입하고 있을 때나, 원하는 결과를 기다리며 초조해하고 있을 때도 우리 인생에서 변화는 꾸준히 일어납니다. 그러므로 우리는 차라리 의식적으로 미래를 개척해 나가는 편이 낫습니다.

만족을 느끼는 동시에 변화가 일어날 수 있다는 사실을 깨달으면 그것이 양자택일의 문제가 아니라는 것을 알게 됩니다. 이것을 깨달으면 마음 챙김과 자기 창조적 행위 사이에서 균형을 잡을 수 있습니다.

목표를 세우고 다가가는 **과정**은 행복하고 만족스러울 수 있습니다. 결과를 기다리며 행복을 미뤄두는 대신 목표를 향해 나아가는 과정을 즐기도록 하세요. 목표를 향해 다가가는 과정에서 새로운 경험과 사소한 행동 하나하나를 모두 음미하고 즐겨야 합니다.

미래에 대한 목표 설정은 마음 챙김과 모순되는 것이 아니라는 사실을 깨닫고, 인생에서 '왜'라는 중요한 질문에 답을 하면서 삶의 목표를 어떻게 창출하고 달성할 수 있는지 논의해보겠습니다.

미래의 목표에 대해 고민해보기로 마음먹었다면, 핵심 가치관과 삶의 우선순위 목록을 곁에 두고 판단 기준으로 삼아야 한다는 사실을 기억하세요. 가치관과 우선순위가 유효한 이상, 가치관과 우선순위는 목표를 향해 나아갈 길을 안내해 줄 나침반 역할을 할 것입니다. 하지만 이 나침반이 없다면, 미래에 좌절과 불행에 빠지고 말 것입니다.

지금부터 단순한 목표를 세우고 삶에서 진정 중요한 일에 집중하기 위해 스티브가 활용하는 방법을 살펴보겠습니다. 이 방법의 장점은 미래에 대한 스트레스를 덜고 자신의 현재 삶에 집중할 수 있다는 것입니다.

실천방법 4 분기별로 S.M.A.R.T. 목표 세우기

삶에서 진정 중요한 일에 집중하기 위해 취할 수 있는 가장 간단한 방법은 가까운 미래에 이룰 S.M.A.R.T. 목표를 세우는 것입니다. 지금 이 순간에 집중하기 어려운 1년 후 목표를 정하는 대신 분기(3개월)마다 이룰 수 있는 목표를 정하는 것입니다.

먼저, S.M.A.R.T. 목표에 대해 간단히 정의를 내려보겠습니다.

S.M.A.R.T.라는 말은 1981년 발행된 〈매니지먼트 리뷰〉에서 조지 도란이 최초로 사용하였으며, 다음 단어들의 첫 글자를 따서 만들었습니다.

Specific	Measurable	Attainable	Relevant	Time-bound
(구체적인)	(측정할 수 있는)	(이룰 수 있는)	(적절한)	(시간이 정해진)

좀 더 자세히 살펴보면,

S: 구체적인 목표

구체적인 목표를 정하기 위해 6W 질문에 대답해봅시다.

이들 질문에 대한 대답을 찾다 보면 목표에 다가가기 위해 어떤 수단과 행동이 필요할지 알게 될 것입니다.

Who: 누가 참여하는가?

What: 무엇을 해내고 싶은가?

Where: 어디서 목표를 완수할 것인가?

When: 언제 할 것인가?

Which: 방해가 될 수 있는 조건이나 제약은 어떤 것인가?

Why: 왜 이 일을 하는가?

목표를 구체적으로 정하는 게 중요한 까닭은 일정한 지표(날짜, 장소, 대상)에 이르렀을 때, 자신이 목표를 달성했다는 사실을 확실히 알 수 있기 때문입니다.

M: 측정할 수 있는 목표

측정할 수 있는 목표는 시간이나 양으로 측정할 수도 있지만, 사안에 따라 걸맞는 단위로 바꾸어 사용해도 됩니다.

측정할 수 있는 목표를 세우면 A 지점에서 B 지점으로 진전되었는지 확인하기 쉽습니다. 측정 가능한 목표는 우리가 올바른 방향으로 가고 있는지 파악하는 데도 도움이 됩니다. 일반적으로 측정 가능한 목표는 '얼마나 많이', '얼마나 빠르게' 등으로 시작하는 질문에 답변할 수 있습니다.

A: 이룰 수 있는 목표

이룰 수 있는 목표는 우리가 가능하다고 믿는 한계선을 늘려줍니다. 완수하기 불가능한 일이 아닐 때도 우리는 종종 어려움과 장애에 부딪힙니다. 이룰 수 있는 목표를 세우는 비결은 현재의 삶을 돌아보고, 자신의 한계를 살짝 넘어서는 목표를 세우는 것입니다. 그렇게 하면 우리는 실패하더라도 중요한 교훈을 얻을 수 있습니다.

R: 적절한 목표

적절한 목표는 자신이 진정 바라는 것에 초점을 맞춥니다. 일관성이 없거나 산발적인 목표와는 정반대입니다. 적절한 목표는 직장에서의 성공부터 사랑하는 사람들과 누리는 행복까지 우리 삶의 중요한 모든 것과 조화를 이룹니다.

T: 시간이 정해진 목표

시간이 정해진 목표는 구체적인 기한이 있습니다. 우리는 정해진 마감일 이전에 바라는 목표를 달성하기를 희망합니다. 목표에 시간제한을 두는 것은 도전적이자 기초적인 사항입니다. 여러분은 목표일을 일 단위, 주 단위, 월 단위 혹은 연 단위로 세울 수 있습니다. 시간이 정해진 목표를 세우는 요령은 시간을 거슬러 올라가며 일을 한다고 생각해 보고 이런 습관을 익혀서 맞출 수 있는 기한을 정하는 것입니다.

S.M.A.R.T. 목표는 명확하고 이해하기 쉽습니다. 우리가 어떤 결과를 얻고 싶은지 분명히 알 수 있습니다. 목표일에 다다르면, 목표를 이루었는지 그렇지 않은지 알 수 있습니다.

다음은 앞서 설명한 삶을 구성하는 7대 주요 영역과 관련해서 S.M.A.R.T. 목표를 예를 들어 설명한 것입니다.

1 **직업** : "나는 두 달 안에 위탁이나 인맥, SNS 마케팅을 통해 웹 디자인 자문 업무와 관련해서 5개의 새로운 프로젝트를 맡을 거야."

2 **가족** : "적어도 6개월에 한 번은 가족들과 여행하면서 더 가까워지고 싶어. 그러려면 한 달에 한 시간 정도는 시간을 내서 여행 계획을 짜야 하겠지."

3 **결혼생활**(혹은 연애) : "내 배우자(연인)의 사랑스러운 점 3가지를 생각해보고 금요일 밤에 이야기해줘야지. 그러려면 우리가 함께한 행복했던 시간에 대한 추억을 떠올릴 수 있도록 화요일에 30분 정도 시간을 내야겠어."

4 **영적·성장/개인적 성장/자기계발** : "매일 5분씩 내 삶에 도움이 되는 모든 것에 대해 감사하는 시간을 가져야겠어. 점심 먹기 전에 잠깐 짬을 내서 내 삶에서 중요한 것들을 되새겨보는 습관을 기르는 것이 좋겠어."

5 **여가/친목** : "매주 세 시간 동안 수채화를 배워야지. TV 보는 것 같은 불필요한 습관을 없애면 가능할 거야."

6   생활관리: "월급에서 10%를 절약해서 인덱스 펀드에 투자할 거야."

7   건강관리와 운동: "12월 31일까지 일주일에 세 번, 하루에 최소한 30분 운동할 거야."

이들 7가지 예를 참고하여, 균형 잡힌 삶으로 이끄는 S.M.A.R.T. 목표를 어떻게 세울지 여러분 스스로 생각해 보기 바랍니다. 이제 앞에서 얻은 정보를 실천에 옮기도록 도와줄 **6단계의 과정**으로 넘어가 봅시다.

1단계 삶에서 정말 중요한 영역 파악하기

의미 있는 목표를 성취하기 위해서 삶의 전 영역에 관심을 둘 필요는 없습니다. 이유는 간단합니다. 지금 하는 일에서 의미를 찾고 싶다면, 매일 줄줄이 나열된 목표에 집착하다가 금세 질려버려서는 안 됩니다. 그렇습니다! 미래를 준비하는 것도 중요하지만 지금 이 순간을 충분히 누려야 합니다.

우리는 여러분에게 **서너 가지 삶의 영역에 관심을 집중**하라고 조언하고 싶습니다. 앞에서 언급한 7대 주요 영역을 자세히 살펴본 후, 지금 당장 자신에게 가장 중요한 영역이 무엇인지 파악하는 데서 시작할 수 있습니다. 거기서부터 시작하여 도전적이면서 재미있는 성과를 낼 수 있는 목표를 세워 봅시다.

2단계 3개월 단위 목표에 집중하기

스티브의 경험에 의하면, 장기적인 목표는 끊임없이 바뀝니다. 오늘 당장 시급한 일이 다음 달에도 똑같이 중요하지는 않기 때문입니다. 그래서 스티브는 삶의 주요 우선순위를 정한 다음 그것들을 3개월 단위(분기별) 목표로 쪼개는 방법을 선택했습니다.

그렇다면 왜 3개월 단위 목표에 집중해야 할까요?

빠른 속도로 변화를 거듭하는 삶에 적응하려면, 노력과 의욕을 유지할 수 있는 단기 목표를 설정하는 것이 훨씬 낫습니다.

스티브는 또한 (6개월 이상의) 장기적인 목표를 세우면 의욕이 꺾이기 쉽다는 것을 알게 되었습니다. 결과가 몇 달 뒤에 나온다고 생각하면 차일피일 미루기 쉽습니다. **다음 주**부터 해야 한다고 다짐하면서 계속 미룰 것이고, 결국 일 년이 지나도 성취한 것은 아무것도 없을 겁니다.

간단히 말해서, 자신이 삶에서 지금 당장 가장 중요하게 여기는 서너 가지 영역을 파악한 후, 각각의 영역에서 3개월 이내에 이루고 싶은 구체적인 S.M.A.R.T. 목표를 세워 보세요.

3단계 주간 검토를 활용하여 일정 조율하기

할 일이 산더미처럼 쌓여 있을 때 목표에 집중하기란 쉬운 일이 아닙니다. 다행히 이 문제를 해결하기 위한 간단한 해결책이 있습니다. 일주일 동안의 일일 활동 계획을 세울 주간 검토 시간을 일정에 넣는 것입니다.

주간 검토는 데이비드 알렌이 자신의 저서 《끝도 없는 일 깔끔하게 해치우기》에서 소개한 개념입니다. 그 과정은 단순합니다. 일주일에 한 번

(스티브는 일요일로 정했습니다) 다음 한 주 동안 완수할 수 있는 일(활동/과제)을 계획하는 것입니다.

다음 3단계를 거쳐 주간 검토를 실천해봅시다.

❶ 3가지 질문에 답하기

다음 일주일을 생각하며 3가지 질문에 답해 보세요.

▐ **내가 개인적으로 꼭 해야 할 일은 무엇인가?**

▐ **가장 먼저 해야 할 과제는 무엇인가?**

▐ **시간을 얼마나 쓸 수 있는가?**

이 질문에 대한 대답은 다음 주 동안 이룰 목표에 할애할 수 있는 시간을 정하는 데 있어서 매우 중요합니다.

한 주 동안 지나치게 많은 활동을 계획하지 않도록 주의하세요. 정서적으로 무질서한 삶에 이르게 되는 지름길입니다. 그보다도, 자신의 주요 목표에 전념할 수 있는 현실적인 시간이 어느 정도인지 미리 파악하는 것이 좋습니다.

위의 3가지 질문에 대답을 해보고, 다음 일주일의 구체적인 계획을 세웁니다. 가장 간단한 방법은 개별 목표를 적은 목록을 살펴보며 그중 가장 중요한 활동을 처리할 시간을 정하는 것입니다.

❸ 머릿속에 떠오른 아이디어 처리하기

자신의 목표와 관련된 번뜩이는 아이디어를 매주 수십 가지를 떠올리는 사람이라면 이 아이디어들을 다 어떻게 처리하느냐가 문제일 수 있습니다. 이러한 아이디어를 처리하려면 1) 즉각 행동하기, 2) 나중에 처리할 시간 정하기 중 하나를 선택할 수 있습니다. 좀 더 자세히 살펴봅시다.

- **만약 아이디어가 실현 가능하다면** : 단계별 실행 계획을 작성해봅시다. 이 아이디어를 실행할 활동 계획들을 나열해보고, 이 아이디어를 한 주 동안 실행에 옮기도록 계획합니다.

- **만약 아이디어가 실현 가능하지 않다면** : 매달 검토하는 보관용 폴더에 저장합니다. 머릿속에 떠오르는 모든 아이디어를 이렇게 보관한다면 적절한 시기에 활용할 수 있을 것입니다.

주간 검토는 목표를 달성하는 데 있어 중요한 역할을 합니다. 매주 계획을 세우면, 긴박감도 생기고, 개별 목표를 성취할 가능성이 높아집니다. 주간 검토는 일일 활동 계획을 세우는 데도 도움이 됩니다.

목표 실행하기

목표를 달성하려면 실행에 옮겨야 합니다. 사실, 바라는 것을 얻기 위해서는 목표에 온전히 집중할 수 있는 시간을 일정에 포함하는 것입니다. 그래서 다음과 같은 활동을 제안합니다.

- **목표를 실천 과제로 만들기** : 가장 쉬운 방법은 목표일을 정하고 그 날로부터 시간을 거꾸로 올라가며 일을 한다고 생각하는 것입니다. 목표를 이룬 상황을 마음속에 그려보세요. 완료 시점에 도달하기까지 어떤 단계를 거쳐 왔을지 생각해 봅시다. 각 단계의 활동을 파악한 후, 간단한 단계별 실천 과제를 작성해 봅시다.

- **목표에 매진할 시간 정하기** : 개별 목표에 시간을 얼마나 할애할 것인지는 개별 활동을 하는 데 무엇이 필요한지에 따라 달라집니다. 어떤 일은 매주 단 몇 분이면 되지만 어떤 일은 하루에 몇 시간씩 걸릴 수도 있습니다(그렇기 때문에 개별 목표에 투입되는 시간을 파악하는 것이 중요합니다). 개별 과제에 얼마나 시간이 필요한지 알아보고 한 주간의 일정을 계획합니다.

- **목표를 최우선 과제로 삼기** : 하루에 여러 활동이 서로 충돌하여 너무 바쁠 때는 어떻게 해야 할까요? 이럴 때는 목표 달성에 필요한 과제를 최우선으로 삼은 다음, 아침에 일어나서 제일 먼저 하거나, 가장 에너지가 넘치는 시간에 하도록 일정을 조절합니다.

- **개별 활동 시간 정하기** : 당장 급하지는 않지만 중요하게 처리해야 할 개별 활동들 때문에 발목 잡혀 쩔쩔매는 사람들이 많습니다. 이 문제는 매주 끝내야 하는 다수의 개별 활동을 처리할 시간을 지정하면 간단히 해결할 수 있습니다.

●

개별 활동을 처리하기 위해 스티브는 스마트 폰 앱인 ToDolist를 사용합니다. 3개월 목표를 설정할 때마다, 스티브는 ToDolist 앱에 프로젝트를 만들어서 목표를 달성하는 데 필요한 모든 개별 활동을 추가합니다. 마지막으로 구체적인 활동들을 주간 일정표에 기록합니다.

5단계 목표 검토하기

삶에서 무언가를 해내는 데 있어서 가장 중요한 요소는 일관성입니다. 그렇기 때문에 '목표'를 매일 검토하면서 매 순간 중요한 성과를 올리고 있다는 사실을 기억해야 합니다. 처리 과정 중 개별 단계가 얼마나 진척되었는지 측정할 수 있는 기준을 만들고, 주간 검토를 활용하여 이것들을 확실히 다루도록 해야 합니다.

일일 검토를 위한 시간을 갖는 것은 목표를 달성하기 위해 필요한 과정입니다. 자신이 얼마나 바쁜가는 중요하지 않습니다. 매일 자신의 목표를 검토하지 않으면 성공할 가능성이 낮아집니다.

가끔 장기적인 목표를 추구하는 도중 예상치 못한 일이 생기기도 합니다. 물론 시련을 겪으면 좌절감을 느끼고, 목표를 이루려는 의지가 꺾일 수도 있습니다. 그러므로 자신의 목표를 적어도 하루에 두세 번 검토하는 것이 중요합니다. 이런 과정을 통해, 여러분은 목표를 항상 마음에 간직하면서 매일매일 자신이 하는 활동에 대해 의미를 되새길 수 있습니다.

6단계 분기별 목표 평가하기

날마다 목표를 향해 열심히 노력하고, 매일, 매주 목표를 검토합니다. 그런데 뭐가 문제일까요? 어떤 사람들은 잠시 한 걸음 물러나서 개별 목표에 담긴 '왜?'라는 질문에 대한 답을 해볼 생각을 하지 않습니다. 다시 말해, 사람들은 목표를 검토하는 과정에서 자신들의 목표가 실제로 추구할 가치가 있는지 확인하지 않는다는 것입니다. 그렇기 때문에 목표를 석 달마다 평가하여 그 목표가 삶의 목적과 동일 선상에 있는지 확인한 후, 그로부터 얻은 교훈을 바탕으로 새로운 목표를 창출하는 것이 중요합니다.

다음 질문에 대답하면서 자신의 목표를 평가할 수 있습니다.

- 바라는 결과를 얻었나요?
- 성공했거나 실패한 실천 방법에는 어떤 것이 있나요?
- 이 목표를 이루기 위해 100% 노력을 쏟았나요?
- 노력한 만큼 결과가 나왔나요?
- 다음 분기에도 유사한 목표를 세워야 할까요?
- 없애거나 바꿀 목표가 있나요?
- 새로 시도해보고 싶은 목표가 있나요?

평가를 완료하는 데 몇 시간이 걸릴지 모르지만, 분기마다 이런 시간을 가져야 합니다. 목표에 대한 평가는 장기적인 계획과 맞지 않는 목표에 허비하는 시간을 줄여주는 근본적인 보호장치로 작용할 것입니다.

지금까지 S.M.A.R.T. 목표 설정의 중요성을 간단히 소개했습니다. 그런데 자신이 진정 바라는 목표를 확실히 세우기 위해서는 개인적인 열정이 뒷받침되어야 합니다.

실천방법 5 목표와 열정 연결하기

너무나 많은 사람들이 조용히 절망의 삶을 이어 갑니다. 아침부터 마음 한구석에 두려움과 불안, 슬픔을 안고 일어납니다. 직장에서는 실력발휘를 하지 못하고 제대로 인정받지도 못하며 자존감이 무너집니다. 집에 와서는 심신이 지칠 대로 지친 상태로 간신히 아이들을 돌보고 식사를 준비한 후 소파에 털썩 주저앉아 멍하니 몇 시간이고 TV를 쳐다봅니다. 다음 날도 똑같은 일상이 반복되지요.

여러분의 일상과 정확히 일치하지는 않겠지만, 어느 정도는 공감할 수 있을 것입니다. 사람은 누구나 판에 박힌 일상에 얽매일 때가 있습니다. 대부분의 사람은 꿈을 이루려고 노력하지 않습니다. 아무런 감흥도 행복감도 느끼지 못 하는 일에 안주합니다. 이러한 불안은 내적 무질서와 혼란을 가중시킵니다.

우리는 흔히 삶에 매몰되어, 스스로 미처 깨닫기도 전에 자신의 정체성과 바라던 삶에서 멀어지곤 합니다. 그 사실을 깨달을 즈음에는 의무와 책임에 얽매이게 되고, 결국 그것을 핑계 삼아 아무리 끔찍한 현실이라도 거기에 안주할 수밖에 없습니다.

반면에 '열정 찾기'라는 개념을 생각하면 페이스북이나 인스타그램에 떠도는 근거가 희박한 명언이 먼저 떠오르겠지만, 일상적으로 하는 일을 자신이 진정 중요하다고 여기는 목표와 연관 짓는 것은 대단히 중요합니다.

사실 자기 일에 성취감을 느끼지 못하면 정신 건강에 부정적인 영향을 미칩니다. 직장 상사와 업무에 대한 불만, 이직에 대한 후회 등으로 정신적 에너지가 얼마나 부정적으로 소모되는지 생각해보세요. 사람들은 삶의 대부분을 일하면서 보내기 때문에, 직업과 관련된 결정이 행복을 좌우할 가능성이 높습니다.

일이 만족스럽다면 중압감에서 벗어날 수 있을 뿐만 아니라 전반적인 삶에서 활력을 느낄 수 있게 됩니다.

그렇다면 열정적으로 산다는 것은 어떤 의미일까요?

다음의 몇 가지 예를 통해 그 의미를 살펴보겠습니다.

- 매일 아침에 일어나면 오늘 할 일에 대한 의욕이 샘솟으며 행복합니다.
- '제자리'를 찾은 기분이 들고, 직장이나 일상생활에서 자신이 누구인지, 얼마나 즐거운지 진정으로 느낄 수 있는 일을 해야합니다.
- 일상생활과 직장에서 마음이 통하는 사람들과 가깝게 지냅니다.
- 하고 있는 일에 만족감을 느끼기 때문에 당당하고 자신감이 넘칩니다.
- 삶에 깊은 목적의식과 의미를 느끼고, 전반적인 삶에 보람을 느낍니다.
- 만족감을 느끼고 스스로 삶을 주도하며 일에 몰입할 수 있기 때문에 삶이 대체로 더 나아지고, 친밀한 인간관계를 맺을 수 있습니다.

열정을 찾아서 삶의 일부로 만드는 것은 하루아침에 이뤄지는 것은 아니며, '상상력 없이 만들어진' 것도 아닙니다. 요리하거나 엔진오일을 교환하는 법을 가르치는 것과는 다릅니다. 그 방법을 깨닫기 위해서는 다양한 활동과 경험이 수반되어야 합니다.

배리는 자신의 온라인 교육 프로그램인 〈Path to Passion〉과 자신의 저서 《The 52-Week Life Passion Project》를 통해 관련 교육 과정을 제공합니다.

사람들은 누구나 각자 특별한 개성을 소유하고 있습니다. 성격, 소질, 꿈, 삶의 책임은 사람마다 다릅니다. 열정적인 삶을 위해 무엇을 선택할 것인지도 사람마다 다릅니다. 그런 이유로 여러분이 자신의 열정을 찾는 데 다음 **14단계 활동**을 활용하기를 권합니다.

1단계 **비전 적어보기**

가치관과 우선순위를 기준으로 활용하여, 삶의 전 영역, 특히 직장생활에 대해 바라는 점을 적어봅시다. 무엇을 포함해야 할지 정확히 모른다면, 절대 원하지 않는 것을 먼저 적으면서 시작하는 것도 좋습니다.

다음은 배리가 5년 전에 쓴 삶의 비전입니다.

> 나는 흥미롭고 현대적이며 생기 넘치는 도시에 살면서, 자연과 문화예술, 맛있는 음식을 즐기며 마음이 맞는 사람들과 살아가고 있다. 글솜씨와 창의력, 사람을 대하고 가르치는 솜씨를 발휘해 다른 사람들에게 도움이 되는 일을 하며 행복을 느낀다.

시간과 장소에 구애받지 않고 일하기 때문에 자유롭게 여행하고 어디서나 일할 수 있다. 수입은 꾸준히 늘고 있지만 일 때문에 내 생활이 흐트러지지 않도록 하고 있다.

나는 똑똑하고 창의적이고 재미있고 친절하며 윤리적인 남자를 만나 서로 사랑하고 존경하며 의지가 되는 관계를 유지하고 있다. 내게 힘이 되어주는 가족과 친한 친구들을 자주 만나고, 성인이 된 세 아이와도 다정하게 지낸다. 자연과 함께하는 시간이 잦아졌고, 일 년에 여러 차례 새로운 곳으로 여행을 떠난다. 나는 여전히 활동적이고 에너지가 넘치지만, 건강관리에도 신경 쓰고 있으며, 인생의 새로운 기회와 가능성에 늘 마음을 열어두고 있다.

배리는 새로운 도시로 이사하고, 자기계발과 관련된 온라인 사업을 펼치고 있고, 멋진 곳으로 여행도 여러 번 다녀왔으며, 원만한 인간관계를 구축하고 건강과 자유를 누리는 등 자신의 모든 비전을 실현했다고 확실히 말할 수 있습니다.

여러분이 원하는 비전을 적어보고, 삶을 살아가면서 하고 싶은 일, 또는 하고 싶지 않은 일이 떠오를 때마다 고쳐 봅시다. 마지막으로 이 비전을 매일 볼 수 있는 곳에 붙여놓으세요.

2단계 현재의 삶 되돌아보기

살면서 자신이 그리 좋아하지 않는 일에 지나치게 집중하고 있다고 느껴진다면, 앞에서 적어본 비전과 현재의 삶이 얼마나 일치하는지 살펴보세요. 일치하는 부분을 확인하고 유지하면서, 자신의 비전이 지금 이 순간에도 실현되고 있다는 사실을 스스로 상기해야 합니다.

직장생활에서 자신이 즐기는 것이나 긍정적으로 생각하는 모든 것을 나열해보세요. 안락한 업무용 의자든 내 마음에 드는 고객이든 상관없습니다. 개인 생활에서도 마찬가지로 자신이 좋아하는 모든 것을 나열하여 목록을 만들어 보세요.

열정을 쏟을 수 있는 일을 찾으려다가 소중한 것까지 잃는 일은 없도록 해야 합니다. 때때로 부정적인 면에 지나치게 집중하다 보면 긍정적인 면을 보지 못하는 경우가 있습니다.

이 주제에 대해 더 자세히 알고 싶다면, 마음 챙김 일기 쓰기에 관한 블로그의 글을 읽어보세요. 현재 내가 간과하고 있는 열정을 찾는 데 도움을 받을 수 있습니다.
Blog http://liveboldandbloom.com/

3단계. 자기 자신을 파악하기

자신의 정체성과 강점, 동기유발 요인에 대해 알아봅시다. 이를 위해 다음과 같은 온라인 성격검사를 활용할 수 있습니다.

- 마이어스 브릭스 검사(http://www.myersbriggs.org)
- 커시 기질 분류 검사(http://www.keirsey.com)
- 강점 평가 검사(《Strengths Finder 2.0》나 이와 유사한 강점 평가 검사)

자신의 성격 유형을 최대한 많이 파악할수록 좋습니다. 자신에 대한 모든 정보를 파악하면 자의식이 생겨 자기 자신에 대한 이해가 높아지고 마음의 위안이 됩니다.

4단계 읽기

하루에 10분을 정해놓고 자신이 흥미를 갖는 일, 또는 앞으로 자신이 열중할만한 활동에 대한 정보를 얻을 수 있는 것이라면 무엇이든 읽어보세요. 다른 사람들이 관심사와 머릿속의 아이디어를 어떻게 직업으로 전환했는지 자세히 살펴보세요. 그중에 흥미롭거나 자신과 관련된 모든 것을 메모하세요.

열정을 바칠 활동에 대해 더 깊게 파악하고 이해하고 싶다면 온라인 강의를 듣는 것도 고려해 볼 만 합니다.

5단계 조사 범위 좁히기

읽기를 끝내고 조사를 시작했다면, 한두 가지 정도의 직업이 눈에 띌 것입니다. 그 분야에 대해 좀 더 깊이 조사해서, 그 일을 하는 데 필요한 교육이나 훈련이 어떤 것이 있는지, 그 분야에서 성공한 사람은 누가 있는지, 급여는 얼마나 되는지, 이 분야에 전문가가 되려면 시간이 얼마나 걸리는지 알아봅시다.

잠재적 열정을 현실로 짜임새 있게 만드는 데 필요한 모든 세부사항을 꼼꼼히 적어보세요.

6단계 멘토 찾아보기

자신이 일하고 싶은 분야에 뛰어난 전문가가 누가 있는지 한두 명 정도 찾아봅시다. 그 사람들이 나에게 조언을 해줄 수 있는지 물어보는 이메일을 써봅시다. 묻고 싶은 질문을 작성해 보세요.

7단계 아이디어를 내고 적어보기

(조사를 모두 끝냈다면) 열정적인 삶을 향해 나아가기 위해 자신이 할 수 있는 모든 실천 방안을 생각해 보고 목록을 작성합니다. 활동 목록을 다시 처음부터 살펴보면서 우선순위를 정합니다. 각 활동은 가장 작은 단위로 쪼개어 구체적인 단계로 나타냅니다.

8단계 첫걸음 내딛기

열정적인 삶을 향해 나아가기 위해 구체적으로 할 수 있는 일 한 가지를 시작하세요. 이력서를 수정하는 것일 수도 있고, 학원에 등록하거나 누군가에게 전화하는 것일 수도 있습니다. 아마도 이 첫걸음이 제대로 된 결정인지는 100% 확신하지 못하겠지만, 그것을 확인하기 위해서는 행동에 옮겨야 합니다. 그리고 날짜를 정하고 시작하세요.

도중에 막히면, 다시 이전 단계로 돌아가 S.M.A.R.T. 분기별 목표 설정을 참조하세요. 의미 있는 직업을 찾기 위한 노력을 과제로 삼고 매일 실행할 것을 권합니다.

9단계 **시험해보기**

자신이 진정 열정을 쏟을만한 일을 제대로 찾았는지 알아보는 방법은 사전에 시험해 보는 것입니다. 처음부터 직장에 들어가거나 사업을 시작하여 온 힘을 쏟기 보다는, 그 분야에서 자원봉사나 아르바이트를 해보거나, 그 분야 종사자를 며칠간 따라다니며 살펴보는 등 사전에 체험을 해보는 것이 좋습니다.

사전에 시험해 보면 이 일이 애정을 쏟을만한 가치가 있는 일인지 결정하는 데 실질적인 도움이 될 것입니다.

10단계 **다른 사람들 배려하기**

가까운 사람들을 주변에 두고 핵심 일원으로 둡니다. 물론 반발에 부딪힐 우려도 있습니다. 여러 가능성을 미리 생각해보고 어떻게 대처할 것인지 생각해 봅시다. 자신에게, 그리고 그들에게 가장 중요한 것은 무엇인가요? 대화의 창을 항상 열어두어야 합니다.

11단계 **돈 절약하기**

돈을 얼마 정도 따로 예금 계좌에 모아두어야 합니다. 새로운 일을 시작하면 돈이 필요하게 됩니다. 교육이나 훈련에 쓸 수도 있고, 새로운 사업을 시작하면서, 또는 사업을 일구는 동안 필요한 비용으로 써야 할 수도 있습니다.

만일의 경우를 대비하여 여유 자금을 어떻게 확보할지 생각해보세요. 정규직을 유지하는 경우라도 항상 대안을 마련해 놓는 것이 좋습니다.

12단계 예산 세우기

버틸 수 있는 최저 소득 기준을 정합니다. 돈을 어떻게 써야 할지, 줄일 수 있는 부분은 어디인지, 이 수준의 소득으로 버틸 수 있는 기간은 얼마인지 알 필요가 있습니다. 빚을 지지 않으면서 기본적인 삶을 유지할 수 있는 수준이 어느 정도인지 현실적인 계산을 해야 합니다.

●

지출을 관리하고 자신의 재정상태를 훤히 파악하는 데 도움이 되는 도구로 **뱅크샐러드 앱**을 활용할 수 있습니다. 이 앱은 은행, 카드사와 모두 연동할 수 있어서 개인의 재정 상태를 완벽하게 파악할 수 있습니다. 게다가 이 앱을 통해 한 달 예산 계획을 세울 수도 있습니다.

13단계 인수인계 제대로 하기

기존 직장에서 새로운 직장으로 옮길 때, 인수인계를 중요한 실천 방안에 포함하는 것을 잊지 말아야 합니다. 새로운 일을 시작하면서 기존에 하던 일을 계속할 건가요? 직장 상사와 언제 어떻게 이 문제를 상의해야 하나요? 능숙하게 마무리해야 한다는 사실을 명심하세요. 그러면 떠나면서도 좋은 관계를 유지할 수 있습니다.

14단계 행동으로 옮기면서 마음 다잡기

안정된 직장을 떠나 새로운 일을 시작할 때 두려움이 생기는 것은 당연한 일입니다. 생각하고, 계획하고, 조바심내고, 허세 부리는 데도 한계가 있고, 결국 내적 무질서가 심해집니다.

삶의 책임 정리하기를 마무리하며

매일 집중적인 활동을 하면서 우리는 앞으로 나아갑니다. 무엇을 할지 모른다면 그냥 무언가를 해도 됩니다. 꿈을 향해 다가가는 작은 행동 하나를 실천에 옮기면 됩니다.

이 14단계를 거치면서 얻게 되는 한 가지 긍정적인 효과는 삶의 중심을 잡고 의미 있는 방향으로 움직이면서 목적의식을 키운다는 것입니다. 사실, 열정적인 삶을 향해 다가가기 위해 노력을 쏟는 과정은 성과만큼이나 만족스러운 경험입니다. 《Life on Purpose: A Guide to Creating a Life Success and Significance》 저자 그렉 존슨은 "목적지가 아닌 여행에 집중하라. 행복은 끝이 아닌 과정에 있다."라고 말했습니다.

정신적 고통과 부정적인 생각은 대부분 삶이 불확실하고 통제할 수 없다고 느낄 때 생겨납니다. 열정을 쏟을 수 있는 일을 시작하면, 점점 더 정신이 맑아지고 마음의 평화를 얻게 됩니다.

지금까지 우리는 부정적인 사고 패턴을 극복하고, 그다지 중요하지 않은 삶의 책임을 줄이기 위해 활용할 수 있는 실천 방법을 배웠습니다. 다음 장에서는 일부 인간관계가 정신건강에 미치는 부정적인 효과에 관해 이야기해보고, 그 대책을 세워 보겠습니다.

3장

인간관계 정리하기

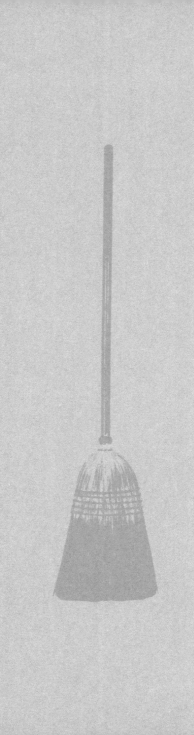

잘못된 인간관계에서 비롯된 부정적인 효과

"아이들 때문에 미칠 지경이에요. 부모님은 제게 바라는 게 너무 많아요. 직장 상사가 한심해요. 아내는 나를 이해하려 하지 않아요. 친한 친구가 연락 먼저 안 해요."

살면서 주변 사람들로 인해 불쾌해지고, 실망하고, 화가 나는 경우가 얼마나 자주 있나요?

이 질문에 대한 대답은 매우 중요합니다. 문제가 있는 인간관계는 삶을 불행하게 만드는 주요인이기 때문입니다.

누군가와 나누었던 불쾌한 대화를 마음속으로 곱씹다가, 상대에게 무시당했다는 생각에 사로잡혀 몇 시간 동안 끙끙 앓곤 합니다. 어쩌다가 친구들이나 사랑하는 사람들과 멀어지게 되면 외로움과 소외감을 느끼고 자신이 사랑받지 못한다고 생각합니다.

우리는 다른 사람에 대한 잘못된 믿음을 꾸며내서, 사실인지 아닌지 확실치 않은 생각이나 태도에 대해 책임을 다른 사람들의 탓으로 돌리지만, 결국 스스로 상처 입고 부담감을 떠안게 됩니다.

사실 다른 사람들과 공존하면서 가끔 서로 오해하는 일이 생기는 것은 당연합니다. 그러나 인간관계로 인한 감정적 소모가 지나치게 크다면, 이러한 관계를 개선하거나, 특정한 인물을 삶에서 배제하는 등 해결책을 찾아야 합니다.

삶을 살아가면서 다른 사람들과 갈등이 전혀 없다고 상상해보세요.

복잡한 마음이 상당히 가벼워지지 않을까요?

많은 에너지를 생산적이고 긍정적인 활동에 쏟을 수 있지 않을까요?

비록 우리에게 소중한 사람들이 정신적인 고통의 원인이 되기도 하지만, 친밀한 인간관계는 오랫동안 행복을 유지할 수 있게 해주는 기본 요소 중 하나입니다.

건전한 인간관계가 행복으로 이어질까요?

행복을 주제로 해서 세계 최장기간 동안 수행한 연구는 그랜트 사회적응 연구로 먼저 알려진 하버드 대학교 성인발달 연구입니다. 1937년부터 하버드 대학교 연구원들은 인간을 행복하게 하는 것이 무엇인가 하는 질문에 대한 답을 얻기 위해 1930년대 후반 하버드 대학교에 입학한 남성 268명을 대상으로 연구를 진행했습니다. 연구원들은 연구 대상자들이 전쟁을 겪고, 취업을 하고, 결혼하고, 이혼하고, 부모가 되고, 조부모가 되고, 황혼기에 접어들기까지 모든 과정을 추적했습니다.

현재 이 연구를 주도하는 하버드 대학교 의과대학 교수이자 정신과 의사인 로버트 월딩어는 이 장기간의 연구가 시사하는 바는 명백하다고 말합니다.

"친밀한 인간관계와 사회적인 관계는 우리가 행복하고 건강하게 사는 데 도움이 됩니다. 이것이 연구의 최종 결론입니다. 성공에 더 신경 쓰거나 관계에 덜 신경 쓰는 사람들은 덜 행복했습니다. 기본적으로 인간은 저마다 관계를 맺으며 살아가도록 만들어졌기 때문입니다."

그렇다면 정신적 피로를 유발하는 주요인인 인간관계가 어떻게 우리의 행복에 영향을 미칠 수 있을까요? 그 비결은 단순한 관계가 아닌 **양질**의 관계를 맺어야 한다는 데 있습니다. 배우자든, 연인이든, 친구든, 가족이든, 직장동료든, 양질의 관계를 맺기 위한 조건은 다음과 같습니다.

- 관계를 최우선으로 여기기
- 솔직한 대화
- 건강한 갈등 해소
- 상호 믿음과 존중
- 공통 관심사
- 일정 수준의 정서적 또는 지적인 친밀함
- 허용과 용서
- 신체적 접촉(사적인 관계에서)

삶에서 어떤 사람을 우리 곁에 두고 그들과 어떤 관계를 유지할 것인지에 대해서는 능동적인 태도를 보이는 것이 무엇보다도 중요합니다. 건전한 인간관계를 형성하고, 유지하고, 발전시켜 나가는 것은 삶의 행복과 마음의 평안을 위해 꼭 필요합니다.

인간관계를 변화시키려면 다른 사람이 변하기를 기대하기 전에 **스스로 변화를 모색하는 것이 가장 좋은 방법**입니다. 가족과 친구들, 직장 동료들이 인간관계를 맺는 태도를 개선할 필요가 있다고 생각하더라도, 내가 먼저 변하려고 노력한다면 삶의 스트레스를 줄이는 데 큰 도움이 될 것입니다.

다른 사람을 변화시킬 수는 없지만, 주변 사람과 소통하고 그들의 행동에 대응하는 자신의 태도는 바꿀 수 있습니다.

지금부터 우리 마음가짐에 직접적이고 긍정적인 영향을 줄 수 있는 **4가지 관계 개선 방법**을 살펴보겠습니다.

노스캐롤라이나 대학교의 〈비교적 행복하고, 갈등이 없는 커플〉에 대한 연구 결과에 의하면, 마음 챙김 수련에 적극적인 커플의 경우 둘 관계에 대한 만족도가 개선되는 현상을 보였습니다. 또한, 이 커플의 '관계에 대한 스트레스, 스트레스 대처 능력, 전반적인 스트레스'는 모두 건강한 수준을 유지했습니다. 마음 챙김 수련을 하면 상대에게 더 충실해지고, 덜 감정적으로 대응하며, 두 사람 사이의 갈등을 쉽게 해결할 수 있게 됩니다.

충실한 관계는 단지 배우자와 연인 사이에만 해당하지 않습니다. 모든 인간관계를 개선하는 데 마음 챙김 수련을 활용할 수 있습니다.

그렇다면 인간관계에 더욱 충실히 임한다는 것은 무슨 의미일까요?

여기에 여러분이 활용할 수 있는 몇 가지 실천 방법을 소개합니다.

공감하며 듣기

대화 중에 상대방이 집중하지 않는다는 것을 눈치챈 적이 있나요?

마음속에 생각이 너무 많아서 주의를 집중하기 어렵다고 생각하는 사람들이 많습니다. 가끔 누군가가 이야기할 때, 사소한 일과 걱정, 다음에 무슨 말을 할까 등에 정신이 팔린 상태입니다.

공감하며 듣기는 흐트러진 마음에서 벗어나 상대방의 말을 아무런 비판 없이 듣고자 하는 의지를 말합니다. 듣는 중에 추임새를 적절히 사용하여 공감을 표하면 말하는 사람은 편안함을 느끼고 인정받고 이해받는다는 기분이 들 것입니다.

공감하며 듣기는 기존의 대화법과는 다릅니다. 이야기를 주고받거나 대화를 나누거나, 서로 이야기만 하는 것은 아닙니다. 공감하며 듣기는 상대방이 전달하고자 하는 말과 감정, 비언어적 표현에 모두 귀 기울이는 것입니다.

공감하며 듣기를 하려면 다음과 같은 태도가 필요합니다.

- 상대방이 대화를 주도하고 주제를 결정하도록 합니다.
- 상대방이 하는 말에 온전히 주의를 기울입니다.
- 중요한 사항을 덧붙이고 싶더라도 끼어들기를 자제합니다.
- 말하는 사람의 이야기를 더 많이 끌어내기 위한 열린 질문을 합니다.
- 섣부른 결론이나 해결책을 내놓지 않도록 합니다.
- 상대방으로부터 무엇을 들었는지 말해 봅니다.

공감하며 듣기는 말하는 사람의 입장만을 배려하는 것처럼 보이지만 듣는 사람도 집중된 의식 상태를 유지합니다. 공감하며 듣기를 할 때는 반복적인 생각의 악순환에서 벗어날 수 있고 걱정과 후회가 끼어들 틈이 없습니다.

여러분도 배우자와 연인, 가족, 친한 친구와 공감하며 듣기를 연습해보기 바랍니다. 10분 동안 공감하며 듣기를 하면서 상대방에게, 그리고 상대방이 하는 말에 온전히 집중해보세요. 사랑하는 사람과 더 가까워지고 어수선한 마음에 한결 여유가 생길 것입니다.

　부정적인 생각은 인간관계에 악영향을 미칩니다. 자신이 하는 말에 타인에 대한 비난과 폄하, 자책과 자기연민이 잔뜩 실려 있다면, 가까이하기 꺼려지는 부정적인 사람이라는 인식을 심어줄 뿐입니다.

　이와 반대로, 긍정적인 표현에 주력하면 주변 사람들과의 관계가 돈독해집니다. 예를 들어, 존 가트맨 박사의 연구에 따르면, **안정적인 배우자 관계를 유지하고 결혼 생활을 오래 지속하기 위해서는 부정적인 대화보다 긍정적인 대화를 5배 이상 많이 해야 한다**고 합니다. 가트맨 박사의 연구 결과는 다른 인간관계에도 적용됩니다. 갈등을 유발하고 부정적인 태도를 보이면 주변 사람들이 멀어집니다.

　변화를 위한 첫걸음은 항상 자각에서 시작됩니다. 자신이 대화 도중에 하는 말에 주의를 기울여보세요. 특히, 배우자나 연인과의 대화에 주목해봅시다. 생각과 말 사이에 여과장치가 있다고 생각하면서 내 삶에서 가장 중요한 사람에게 하는 말이 어떤 영향력을 가졌는지 살펴봅시다.

　상대방의 말이나 행동에 무작정 대응하려는 유혹을 물리쳐야 합니다. 시간을 두고 신중하게 단어를 선택하세요. 상대방이 흥분했거나 화를 내더라도 애정과 배려, 존중을 담아 온화하고 위협적이지 않은 목소리로 말합니다. 말을 할 때 더 신중해지면 주변 사람들도 여러분을 똑같이 대할 것입니다. 혹시 그렇지 않더라도, 여러분은 자제력과 내면의 평화를 유지할 수 있는 능력을 키우게 됩니다.

　마음 챙김 말하기를 연습하면 인간관계를 질적으로 개선할 수 있을 뿐만 아니라 내면의 품격을 높일 수 있습니다.

자애 명상은 타인을 향한 따뜻한 마음을 키우는 것에 주력하는 명상법입니다. 자애 명상은 특히 특정인과의 관계를 개선하여 부정적인 생각을 줄이는 데 활용할 수 있습니다.

이런 종류의 명상은 까다로운 사람이라도, 그들이 연민과 사랑을 받아 마땅한 하나의 인격체라고 인식하는 능력을 길러주기 때문에, 사람들 사이의 갈등을 줄여주고 행복감을 높여줍니다. 이러한 주장을 뒷받침하는 3가지 연구 결과를 소개합니다.

첫째, 스탠퍼드 대학교의 과학자들은 자애 명상이 사회적 유대감을 강화한다는 사실을 밝혔습니다.

둘째, 유타 대학교의 연구는, 자애 명상 수련을 하면 '타인이 내비치는 적대감, 무심함, 간섭, 조롱을 인식하는 수준이 전반적으로 감소'한다고 언급했습니다. 이 특별한 명상 수련을 통해 친밀한 사람과의 관계를 개선할 수 있을 뿐만 아니라, 자기 자신과의 관계 또한 바로잡을 수 있습니다.

마지막으로, 한 획기적인 연구에 따르면, 7주간 자애 명상을 수련한 결과 사랑과 기쁨, 만족, 감사, 자부심, 희망, 흥미, 재미, 경외감 등의 감정이 상당히 풍부해졌다고 밝혔습니다.

자애 명상은 어디서나 수련할 수 있지만, 될 수 있으면 방해받지 않을 조용한 공간에서 약 10분 정도의 짧은 명상으로 시작하는 것이 좋습니다.

자애 명상 수련을 위한 간단한 과정을 다음에 소개합니다.

1   편안한 자세로 앉습니다. 바닥에 책상다리하고 앉아서 손을 무릎 위에 가볍게 올려놓거나, 의자에 등을 곧게 펴고 앉아서 두 발을 바닥에 붙이고 두 손을 무릎에 가볍게 올려놓습니다.

2   눈을 감고 두세 번 깊게 정화 호흡을 한 후, 호흡을 한 번 할 때마다 1부터 10까지 숫자를 하나씩 셉니다.

3   긴장이 풀리면, 자애를 베풀고 싶은 대상을 마음속으로 불러들여서, 그 사람의 정적인 면을 떠올려 보세요.

4   몇 분 동안 그 사람의 긍정적인 면에 집중한 후, 그 사람을 향해 마음속으로 이렇게 말해봅시다.

    "당신이 행복하길 바랍니다."
    "당신이 건강하길 바랍니다."
    "당신이 사랑받길 바랍니다."

자신이 원하는 것에 초점을 맞추어 단어를 바꿔도 좋습니다. 명상에 엄격한 규칙은 없습니다. '당신' 대신 상대방의 이름을 넣어도 좋습니다. 또, 다음과 같은 말을 덧붙일 수도 있습니다.

외적, 내적 어려움과 위험이 사라지길 바랍니다.

부디 안전하게 보호받길 바랍니다.

심적 고통과 괴로움에서 벗어나길 바랍니다.

신체적 고통과 괴로움에서 벗어나길 바랍니다.

건강하고 튼튼하길 바랍니다.

행복하고, 평화롭고, 즐겁고, 편안한 마음으로 살아갈 수 있길 바랍니다.

자애 명상 수련을 하면 인간관계가 개선되는 것은 물론 정서적 행복과 마음의 평화를 얻을 수 있습니다. 개인적 상황에 따라 수련을 어떻게 적용할지는 결국 자신에게 달렸지만, 본질적으로 마음을 정리하고 마음의 평화를 얻기 위한 노력으로서 자애 명상은 우리 마음에 큰 변화를 가져옵니다.

다른 사람과 비교하지 않기

"내가 갖고 싶은 재능을 동경하거나 내게 없는 재능 때문에 슬퍼하지 말고, 내가 가진 역량으로 최선을 다해야 한다."

B.J. 리처드슨 B. J. Richardson

자신을 다른 사람과 비판적으로 비교하면 심리적 혼란과 정서적 고통에 시달리게 됩니다.

"쟤만큼만 매력적이면 참 좋을 텐데."

"나는 왜 형처럼 똑똑하지 않은 거야?"

"저 사람들은 우리보다 돈이 훨씬 많구나."

"저 여자는 매번 여행을 다니네. 나는 아무 데도 못 가는데."

이런 생각이 걷잡을 수 없이 소용돌이치면 상심에 빠지고 자신의 불행이 왠지 남의 탓인 것 같습니다. 다른 사람의 성취, 재산, 외모를 자신을 평가하는 척도로 여긴다면 원만한 인간관계를 유지할 가능성은 근본적으로 차단됩니다.

배리는 "내 성과를 동료들과 비교하여 평가하려는 오류를 범하곤 했답니다."라고 고백하며, "그것 때문에 내가 하는 일에 집중력을 잃고 무력감과 질투심에 사로잡혔지만 결국 마음을 다잡고 나서 보니, 나만의 인생이 있고, 그것은 내 주변 사람들의 삶과는 다를 수밖에 없다는 사실을 깨달았습니다."라고 덧붙였습니다.

비교는 단지 마음의 평화를 깨뜨릴 뿐만 아니라, 인간관계에 해를 입히는 여러 가지 부정적인 감정을 불러일으킵니다. 다른 사람의 기준에 맞추려고 고민하면 할수록 자기 자신과 다른 사람에 대한 감정이 모두 나빠집니다. 부러움, 질투심, 수치심, 죄책감, 무안함, 자기 혐오, 억울함, 분노 등의 감정은 인간관계를 개선하는 데도, 다른 사람의 마음을 얻는 데도 전혀 도움이 되지 않습니다.

뉴욕 타임스 선정 베스트셀러 1위를 기록한 《무조건 행복할 것》의 저자 그레첸 루빈은 다음과 같이 말했습니다.

"외로움, 부러움, 죄책감 같은 부정적인 감정은 행복한 삶을 위한 중요한 요소입니다. 말하자면 우리 삶을 바꿔야 한다고 알리는 위험 경고등이죠."

사람이라면 누구나 자신을 다른 사람과 비교할 때가 있습니다. 가끔은 성취한 사람들과 비교하면서 삶을 개선하거나 성취하려는 의지를 얻기도 합니다. 하지만 비교로 인해 '위험 경고등'에 빨간 불이 들어오면 이에 대해 조처를 취해야 합니다.

다른 사람과 비교하는 것과 비교로 인해 생기는 감정을 분리하려면 정신적 노력이 필요합니다. 그러나 '더 많이 가진' 사람들에 대한 태도를 바꾸면 우리는 자유롭게 자신만의 길을 개척하고, 자신이 바라는 최선의 삶을 누릴 수 있습니다.

여기 다른 사람과 비교하는 습관을 없애는 데 도움이 될 **짧고 간단한 3가지 실천 방법**을 소개합니다.

실천방법1 **철저한 자기 수용**

아무리 비교하고, 초조해하고, 고민해봐도 지금 현재의 정체성과 외모, 성취와 소유물 중에 바꿀 수 있는 것은 없습니다. 지금 현재의 모습이 우리의 전부입니다. 적어도 오늘까지는 그렇습니다.

자기 자신의 본모습을 거부하지 말고 받아들입니다. 본모습을 수용하고, 지금 이대로 자신이 완벽하다는 사실을 인정하세요. 철저하게 자기 자신을 수용하는 시간을 갖는 것만으로도 마음이 홀가분해지고 자신감이 생깁니다.

미국의 신학자인 라인홀드 니버는 '평온을 구하는 기도'라는 유명한 기도문을 작성했습니다.

주여,
바꿀 수 없는 것을 받아들일 마음의 평안과,
바꿀 수 있는 것을 바꿀 용기와,
그 둘을 구별하는 지혜를 주시옵소서.

니버가 기도한 대로 마음의 평온, 용기, 지혜를 모두 수용할 수 있다면, 실질적으로 우리의 열망과 좌절을 완화하는 유용한 수단으로 활용할 수 있습니다.

존경하는 인물과 자신을 비교하면서 더 나은 삶에 대한 의욕을 북돋울 수 있고, 실력을 쌓고, 삶을 개선할 수도 있습니다. 하지만 가끔은 아무리 열심히 노력하더라도 누군가의 성취에 필적할만한 결과를 절대로 얻을 수 없는 경우도 있습니다. 누구나 패션모델이 되고, 백만장자가 될 수 없는 것처럼 말입니다.

자신이 갖지 못한 것을 맹목적으로 따르기보다는 내면의 지혜라는 여과장치를 거친 후 결정을 내려야 합니다. 무엇을 바꿀 수 있나요? 무엇을 바꾸고 싶나요? 다른 사람의 가치관과 우선순위를 모방하려 하기보다, 스스로 삶을 결정하는 데 도움이 될 자신의 가치관과 삶의 우선순위가 무엇인지 다시 살펴보세요.

여전히 자신이 갖지 못한 것을 갈망하는 사람이 있다면, 자신이 가진 능력 안에서 최선의 노력을 기울여 보기를 바랍니다. 나 자신의 힘을 믿고 꾸준히 자기수용을 연습해 봅시다.

^{실천방법 3} 매사에 감사 표현하기

비교하는 습관이 있으면 자신이 이미 소유한 모든 것을 제대로 보지 못합니다. 다른 사람이 얼마나 가졌고, 나는 왜 그렇지 못한가에 지나치게 신경 쓰느라 자신이 얼마나 축복을 받았는지 깨닫지 못합니다.

물이 반쯤 든 컵을 보고, 물이 반이나 들어 있다고 생각하느냐, 반밖에 없다고 생각하느냐 하는 선택의 문제입니다. 이때 물을 감사함이라고 생각하면 이해하기 쉽습니다.

아침에 일어나면 잠자리에서 빠져나오기 전에 자신의 삶에서 좋은 점을 머릿속에 모두 나열해보고, 각각의 축복에 대해 1∼2분 정도 생각해봅시다. 같은 과정을 잠자리에 들기 전에도 반복합니다.

감사 일기를 쓰면서 감사하는 감정을 강화할 수 있습니다. 하루를 마무리하면서 오늘 하루 일어난 모든 긍정적인 일을 되돌아보고 일기에 적어봅시다. 사랑하는 사람들, 집, 건강 등이 없다면 자신의 삶이 어떻게 될지도 생각해 보세요. 자신에게 주어진 축복이 사라진다고 생각해보면, 그것이 얼마나 축복인지 분명히 깨닫게 될 것입니다.

이 책의 초반부에서 과거를 반추하는 것이 어떻게 정신적 부담감을 유발하는지 살펴보았습니다. 과거를 떠올려 보면, 주변 사람들과의 관계에 관한 생각이 대부분이라는 사실을 깨닫게 될 것입니다.

우리는 기분 나빴거나 상처가 되었던 대화 내용을 마음속에서 반복적으로 재생합니다. 틀어진 관계와 헤어진 연인에 대해 곱씹어 보기도 합니다. 이미 성인이 되어 독립한 자녀들이나, 멀어진 친구, 연락이 끊어진 형제들에 대한 그리움과 슬픔을 계속 떠올릴지도 모릅니다.

아마도 우리가 마주하는 관계의 고통은 그 상처가 너무 깊고, 한 번도 치유 받지 못했기 때문에 끊임없이 우리의 삶을 어지럽히고 제대로 된 사고를 방해하는 것일 수도 있습니다. 이런 기억은 머릿속에서 맴돌면서 풀리지 않은 분노와 수치심, 죄책감, 공포, 슬픔을 유발합니다.

인간관계는 우리 인생에 없어서는 안 될 요소이기 때문에, 과거에 관계를 맺었던 사람들에게 받은 상처가 그 만남 이후, 혹은 인연이 끝난 후에도 몇 주, 몇 달, 심지어 몇 년 동안 지속되는 것도 놀라운 일이 아닙니다. 이 '마음속 장면들'을 반복 재생하다 보면 그 기억과 자기를 동일시하기 시작합니다. 이런 방식으로 과거의 경험이 우리 곁에서 맴도는 것은 큰 부담으로 작용하여 우리의 에너지와 내면의 평화를 빼앗아 갑니다.

가끔 우리는 무의식적으로 과거의 상황을 떠올리며 해결하려고 시도할 때도 있지만, 지나간 일을 자꾸 되새기면 과거에 갇혀 지금 이 순간의 삶이 비참해집니다. 우리는 어떻게 하면 과거의 기억이 우리를 가둬놓지 못하도록 자유로워지고, 이제 더는 우리 삶과 아무 관계도 없는 사람들에게 얽매이지 않을 수 있을까요?

《지금 이 순간을 살아라》의 저자 에크하르트 톨레는 이렇게 말했습니다.

"우리는 오래된 감정을 축적하고 영원히 남기는 습관을 날갯짓하듯이 털어버리는 법과, 바로 어제 일어난 일이든, 30년 전에 일어난 일이든 간에 과거에 연연하지 않는 법을 배워야 한다. 어떤 상황이나 사건을 머릿속에 남겨두지 않는 법을 배우는 동시에, 우리의 관심을 머릿속에서 꾸며내는 가상의 이야기로부터 때 묻지 않고 영원한 지금 이 순간으로 끊임없이 되돌려야 한다."

말은 쉽지만, 행동으로 옮기기란 쉬운 일이 아닙니다. 그렇죠?

고통스러운 기억을 떨쳐내기란 쉬운 일이 아닙니다.

어렵습니다. 하지만 불가능한 일은 아닙니다.

과거에서 벗어나 현재의 삶 속에서 긍정적이고 애정 어린 인간관계를 맺길 원한다면 노력할만한 가치가 있습니다.

가족, 친구들과 지금 이 순간을 함께하고 싶다면, 지나간 인연에 대한 생각이나 오래된 상처에 매여 있어서는 안 됩니다.

여기 과거에 관한 부정적인 생각의 찌꺼기를 깨끗이 치울 방법을 소개합니다.

만약 여러분과 다른 사람 사이에 풀리지 않은 문제 또는 상처가 있다면, 그 **상황을 해결하기 위한 조처**를 취해봅시다. 상대에게 '부당한 취급'을 받았다는 느낌이 들더라도 지나간 일로 속 끓이지 말고, 상대방과 이야기를 시작해보세요. 상처를 준 사람에게 손을 내미는 것이 쉽지는 않겠지만, 과거의 상처로 인해 오랜 기간 괴로움에 시달리는 것보다 약간 불편한 편이 낫습니다.

분노나 상처를 간직하고 있으면 툭 터놓고 대화하기 힘들지만, 건강한 대화법을 배워서 다른 사람과 긍정적인 대화를 해야 합니다.

문제를 해결하기 위해서는 자신의 감정과 고통을 이야기한 다음, 다른 사람의 입장도 들어보고, 필요에 따라 서로 용서하거나 용서를 구하고, 앞으로 어떤 관계를 맺을 것인지 상의하는 과정이 필요합니다. 과거에 대해 마음을 터놓고 이야기하면, 머릿속에서 꾸며낸 이야기의 '주술'에서 풀려날 수 있습니다.

과거 나에게 고통을 안겨준 누군가와 건설적인 대화를 나누는 것이 항상 가능한 것은 아니지만, 그렇게만 된다면, 과거의 기억과 고통에 갇혀 있는 감정에서 자유로워지는 최고의 방법이 될 수 있습니다.

마음속으로 과거의 상황을 반복적으로 재생하면, 자신의 견해만을 궁극적인 진실로 받아들이게 됩니다. 상황을 다른 각도에서 바라보는 것이 불가능해 보일 것입니다.

관계에 대한 자신의 기억과 해석이 정확하다고 믿겠지만, 상대방은 같은 상황을 전혀 다른 관점에서 보고 있을 가능성이 있습니다.

다른 사람의 처지에서 생각해 보고 자신의 해석에 의문을 가져봅시다. 다음과 같은 질문에 답해 보면 상대방의 입장을 헤아릴 수 있습니다.

- 우리 둘 사이에 벌어진 일을 상대방은 어떻게 생각하고 있는가?
- 상대방의 오해를 살만한 나의 말이나 행동은 무엇인가?
- 내 기억이 부정확할 가능성이 있는가?
- 상대방이 타당한 견해를 갖고 있는가?
- 상대방의 행동에 대한 내 기억이 정확하지 않을 가능성이 있는가?

상대방에 대해 마음으로부터 공감하면 기억으로 인한 고통과 분노가 약간은 없어집니다. 자신의 믿음과 기억에 의문을 제기하면 상황을 덜 부정적인 측면에서 볼 수 있습니다.

관용 베풀기

과거에 상처를 준 사람이 절대 사과하지 않을지라도 관용을 베풀어 봅시다. 직접 그 사람에게 용서한다고 말할 필요는 없지만, 마음속으로 진심을 담아 용서하세요.

분노와 고통에 매달리면 괴로움과 심적 불안만 늘어납니다. 용서하는 까닭은 이러한 고통에서 자신을 해방시켜서 맑은 정신으로 지금 이 순간에 충실한 삶을 살 수 있게 하기 위해서입니다.

자기계발 분야의 베스트셀러 작가인 웨인 다이어 박사는 이런 말을 했습니다.

"다른 사람을 용서하는 것은 영적 성장을 위해 꼭 필요합니다. 누군가에게 상처받은 기억은 아무리 고통스러울지라도 머릿속을 떠도는 생각과 감정에 불과합니다. 원한, 분노, 증오 같은 생각은 우리를 느리고 쇠약하게 만드는 에너지에 해당합니다. 그래서 이들 생각이 우리 머릿속에 자리를 차지하도록 계속 내버려 두면, 이런 에너지로 인해 우리는 무기력해집니다. 하지만 이런 생각을 내려놓으면 우리는 마음의 평화를 느끼게 될 것입니다."

누군가를 용서한다고 해서 꼭 그 사람과 화해한다는 의미는 아닙니다. 단지 원한과 분노를 내려놓음으로써 부정적인 감정으로 인해 해를 입지 않도록 한다는 뜻입니다. 특히 가해자가 자신의 행동에 대해 책임지지 않으려 할 때 그 사람을 용서한다는 것은 쉬운 일이 아닙니다. 하지만 그 사람이 자신의 능력으로 할 수 있는 최선의 행동을 했다고 이해하는 데서 출발할 수 있습니다. 자신이 과거에 당한 일을 다시 떠올리고 있다는 것을 깨닫게 되면, 주의를 자기 자신에게 돌려보세요. 다른 사람을 탓하지 않고 자신의 감정을 인지해야 합니다. 그리고 자신에게 물어봅니다.

"이 일을 겪으며 배운 것이 무엇일까? 그것을 나 자신을 개선하는 데 어떻게 활용할 수 있을까?"

다이어 박사는 이렇게 말했습니다.

"우리의 삶은 여러 막으로 구성된 연극과 같습니다. 어떤 인물의 역할은 작고, 또 다른 인물은 훨씬 큽니다. 누군가는 악당 역할을 맡고 또 다른 누군가는 착한 사람 역할을 맡습니다. 하지만 이 모든 배역은 꼭 필요합니다. 그렇지 않다면 그들은 연극에 등장할 필요가 없을 것입니다. 그들의 역할을 모두 인정하고, 다음 막으로 넘어가야 합니다."

다른 사람을 용서하기 전에 먼저 자신이 다른 사람에게 한 말과 행동을 스스로 용서할 필요가 있습니다. 자신의 행동을 솔직하게 돌아보고 그로 인해 다른 사람이 상처받지 않았을지 생각해보세요. 내가 왜 그런 행동을 했는지 수많은 이유가 떠오를 것이고, 자신의 행동을 정당화하고 싶을 것입니다. 그러나 자신의 행동에 조금이라도 잘못된 것이 있다면 잘못을 인정하고 자신을 용서해야 합니다.

과거의 실수를 다른 시각으로 바라보면 자신을 용서하기 쉬워집니다. 과거 인간관계에서 저지른 실수를 크게 자책하기보다는, 과거를 존중하고 자신이 그런 행동을 저지른 것을 다행스러운 일이라고 생각해 봅시다. 그 행동은 당시 내가 어떤 사람이었는지를 드러내 주는 한 부분이고, 그로부터 가르침을 얻을 수 있기 때문입니다. 이제 자신이 어떤 사람이 되고 싶은지, 어떻게 행동하고 싶은지 의식하면서, 앞으로 나가고 자신을 용서해야 합니다.

관계 개선 방법 3 배우자나 연인과 함께 마음 챙김 수련하기

앞서 소개한 관계 개선 방법 2가지는 모든 관계에 적용할 수 있습니다. 하지만 배우자나 연인처럼 친밀한 관계는 특별히 관심을 기울일 필요가 있기 때문에 다른 관계와 분명히 차별을 두어야 합니다.

배우자나 연인과 함께 하는 시간은 우리가 감성적, 인격적으로 크게 성숙할 기회가 됩니다. 특히, 배우자나 연인을 자신의 삶에 가르침을 줄 만한 사람이라고 생각한다면 더욱 그렇습니다. 이런 관계를 통해 여러분은 더 충실한 사람이 되고 동정심을 기르게 됩니다.

하지만 역설적으로, 애정 관계는 우리에게 삶에서 가장 큰 시련을 겪게 하고, '내적 무질서'와 정신적인 고통을 가장 많이 유발합니다. 사랑하는 사람과 마음 챙김 수련을 함께 하면 삶에 있어서 친밀감은 강화되고, 스트레스와 불안은 줄어듭니다.

마음 챙김 전문가이자 매사추세츠 대학교 의과대학 존 카밧진 명예교수의 정의에 따르면, 마음 챙김은 판단을 내려놓고, 의도적으로 지금 이 순간에 집중하는 것입니다.

한창 말다툼이 과열되어 상대에게 비난을 퍼붓고 싶을 때 이런 방법을 활용하는 것은 불가능해 보입니다. 하지만 마음 챙김 수련을 하면 둘 사이에 벌어지고 있는 상황에 대한 인식 능력을 높일 수 있고, 어떻게 대응해야 하는지 결정할 마음의 여유를 갖게 됩니다.

배우자나 연인에게 감정적으로 대응하지 않으면 마음이 편안하고 차분해지며, 서로 배려하며 문제를 해결할 수 있게 됩니다. 이러한 능력을 기

르는 것만으로도 적게는 며칠, 많게는 수십 년 동안 축적되어 정서적 에너지를 고갈시키는 정신적, 정서적 고통에서 벗어날 수 있습니다.

심리학자이자 작가인 리사 파이어스톤 박사는 심리학 잡지인 〈사이콜로지투데이〉에 기고한 글에서 "마음 챙김은 감정을 부정하거나 숨기는 것이 아니다."라고 주장했습니다.

"마음 챙김은 그저 우리 스스로 주도권을 갖고 우리의 감정, 경험과 관계 맺는 방식을 바꾸는 것이다. 마치 굉음을 내며 역을 지나가는 기차를 바라볼 때와 마찬가지로 우리는 자신의 감정과 생각을 바라볼 수 있지만, 우리가 원하면 감정과 생각의 기차에 탑승하기로 선택하는 것뿐이다."

생각과 감정의 기차에 올라타지 않기로 하는 것은, 다툼과 불화가 아닌 치유와 친밀감을 촉진하는 의식적인 관계를 맺는 첫걸음입니다. 연애나 결혼생활에 더욱 충실히 임할 수 있도록 해주는 간단한 실천 방법을 소개합니다.

다짐하기

마음 챙김 수련이 배우자나 연인과의 관계를 질적으로 개선한다는 사실을 깨달았다면, 이 습관을 매일 실천하기로 다짐해 봅시다.

오랫동안 서로를 대하는 데 있어서 무의식적인 관계를 유지해 온 커플이라면, 서로 소통하는 법을 다시 배우는 데 시간이 걸릴 것입니다. 하지만 관계를 통해 성숙해지고, 삶의 스트레스를 줄이고 싶은 강한 의욕이 있다면 변할 수 있습니다.

배우자나 연인 사이는 삶에서 가장 중요한 인간관계로, 서로의 정신건강과 매사를 바라보는 관점에 깊은 영향을 줍니다. 이 중요한 관계를 개선하기 위해 다음에 소개한 방법을 실천해 보세요. 그러면 삶이 전반적으로 나아지는 것을 느낄 수 있을 것입니다.

배우자나 연인과 소통할 때는 그 순간에 충실할 것이라는 다짐을 메모에 적어서 아침에 눈을 뜨면 맨 먼저 보이는 곳에 붙여놓으세요. 처음에 이 방법을 실천할 때는 이러한 메모를 집안 곳곳에 붙여놓는 것이 좋습니다.

나의 다짐 알리기

자신이 배우자나 연인과의 관계에 충실하기로 했다고 해서, 상대방도 똑같은 다짐을 할 것이라고 기대해서는 안 됩니다. 물론 상대방의 결정에 영향을 줄 수는 있습니다.

아무런 방해도 받지 않고 이야기할 수 있는 시간에 배우자나 연인과 마주 앉아 자신의 새로운 계획을 설명하세요.

"나는 우리가 더욱 충실하고 관용적인 관계가 되었으면 좋겠어. 그러면 사이가 더 가까워지고, 화내거나 상처 주지 않고 의견 차이도 원만히 해결할 수 있을 거야. 나는 이렇게 다짐했는데, 당신도 동참해 주었으면 좋겠어."

배우자나 연인이 아직 그 의미를 정확히 이해하지 못한다면 여러분이 실천할 수 있는 다른 방법을 시도해 보세요.

마음으로부터 공감하기

마음으로부터 공감한다는 것은 배우자나 연인과 대화할 때 완벽히 동조한다는 것을 뜻합니다. 만약 배우자나 연인이 고통스러워한다면 그 고통을 정서적으로 이해하고 공감을 표하는 것입니다.

대화에 집중하고 있다는 표시로 배우자나 연인의 몸짓을 유심히 살펴서 흉내 내거나, 눈을 맞추고, 부드럽게 어루만지고, 고개를 끄덕이는 것 역시 마음으로부터 공감한다고 할 수 있습니다.

기본적으로 상대방이 요청하지 않으면 충고를 해서도 안 되고, 상황을 '해결'하려고 해서도 안 됩니다. 사실, 배우자나 연인을 위해 무언가를 '더' 하려고 할 때, 내재한 마음으로부터 공감하는 능력이 차단됩니다. 하지만 마음으로부터 공감하면 배우자나 연인의 정서적인 외로움이 덜어집니다.

이렇게 배우자와 감정적으로 공감하면 부부 사이의 친밀감과 신뢰도, 안도감이 높아집니다.

방어하지 않고 듣기

서로 다투거나 감정이 복받친 상태에서 대화할 때 공감한다는 것은 대답이나 변명을 하지 않고 듣는 것입니다.

그 상황에 대응해서 드러내는 자신의 감정을 의식하고 감정에 이름을 붙이세요. 그런 감정이 일어났다는 것을 인지만 할 뿐, 감정에 대응하지 마세요. 그런 다음 다시 배우자나 연인이 하는 말에 집중하며 상대방의 감정도 내 감정만큼이나 중요하다는 사실을 인정하세요.

상대방이 한 말 되뇌기

이야기를 들을 때 자발적으로 상대방의 말을 받아 되뇌면 경청하고 있다는 인상을 줄 수 있습니다. 또한, 상대방은 자신의 말을 충분히 이해하려고 노력하는 모습에서 여러분의 배려심을 느끼며 힘이 날 것입니다.

되뇌기는 단순히 배우자나 연인이 한 말을 앵무새처럼 되풀이하는 것이 아닙니다. 상대방이 한 말을 제대로 이해했는지 확인하는 방법입니다. 그러면 오해를 풀 수 있는 대화를 시작할 수 있고, 서로 이해하고 화해하기 위한 논의가 이루어질 수 있습니다.

이 방법은 갈등이 있을 때, 감정이 상했거나 오해가 있을 때 활용할 수 있는 매우 유용한 마음 챙김 요법입니다.

진심을 담아 대화하기

배우자나 연인과 공감한다는 것은 관계를 다루는 역량이 원숙하다는 것입니다. 다시 말해서, 수동적, 공격적 단어를 사용하고, 이유 없이 짜증을 내거나 무시를 하는 행동 등과 같은 유치한 방법으로 대응하지 않는다는 뜻입니다. 짜증을 내거나 분노를 표출하면, 솔직하고 진심이 담긴 대화를 할 수 없습니다.

배우자나 연인과 불화가 생길 때, 화를 돋우거나 험담하는 대신 마음 챙김 수련을 해봅시다. 대화를 시작하기 전에 감정에 집중하고, 마음이 차분해지고 화가 가라앉을 때까지 기다립니다.

책임을 떠넘기거나 비난하지 않고 문제에 관해 이야기를 나눠 보세요. 문제에 대한 자신의 견해와 느낌을 밝히고, 관계를 회복하기 위해 상대방에게 바라는 점을 이야기해 보세요. 방어적인 태도를 보이지 말고 배우자나 연인의 반응이나 견해에 귀 기울여 봅니다.

갈등을 통해 배우기

앞서 언급했듯이, 우리가 관심을 기울인다면 애정 관계를 통해 인격적으로 성숙하는 토대가 마련됩니다. 갈등이 생기면 불편해지고 불쾌하지만, 관계에 대해 배울 수 있는 기회가 되기도 합니다.

갈등이 생겼다면 분노로 속을 끓이지 말고 다음과 같은 질문을 스스로 던져보세요.

🔖 내 생각이 전적으로 옳지 않을 가능성이 있는가?

🔖 배우자나 연인의 견해가 어느 정도는 타당한가?

🔖 배우자나 연인과 함께 있을 때 내가 바라던 내 모습인가?

🔖 이 갈등으로 내가 무엇을 배울 수 있는가??

▌ 내가 대응하게 만드는 더 심각한 문제는 무엇일까?

▌ 상처 입은 내 감정이 성장에 어떤 걸림돌이 될까?

▌ 이 대화를 통해 나는 어떻게 변하고 싶은가?

이러한 질문에 대답해보면 치유와 자기인식 능력이 길러지고, 우리를 불안하고 화내게 만드는 내면의 비판으로부터 해방될 수 있습니다.

아무런 방해도 받지 않는 둘만의 즐거운 시간 보내기

건강한 관계를 유지하기 위해 할 수 있는 가장 좋은 방법은 배우자나 연인과 함께 즐거운 시간을 보내는 것입니다. 이 시간에는 일, 자녀, 갈등에 대한 부담을 내려놓고 편안하게 서로에게 온전히 집중해야 합니다.

우리의 삶은 정신없이 바쁘고 부담감이 크기 때문에 바쁜 커플이라면 이런 시간을 자주 가져야 합니다. 여러분이 그런 경우라면 반드시 정기적으로 데이트 시간을 잡거나 하루 30분 정도만이라도 조용한 대화의 시간을 갖고 유대감을 형성해야 합니다.

배우자나 연인과 정서적 친밀감을 더 많이 쌓을수록 두 사람 모두를 고통스럽게 하는 갈등이 생기지 않습니다. 이러한 노력을 기울이면 마음의 평화를 얻고 정신이 맑아집니다.

관계 개선 방법 4 특정인과의 관계 정리하기

인간관계를 정리하는 것은 우리에게 고통을 주는 사람들과 관계를 끊는 것도 포함합니다. 우리의 정신적 그리고 정서적 건강을 계속 위협하는 사람들에게는 작별을 고하는 것이 문제를 해결하는 유일한 방법일 때도 있습니다.

인간관계를 끊는 것은 괴로운 일입니다. 설령 그들이 우리를 지치게 하고, 방해하고, 진정한 우리의 본모습을 가리는 것은 물론, 심한 경우 우리에게 해를 끼치고 폭력을 행사하는 사람이라 할지라도 그렇습니다.

우리는 친구, 배우자, 직장 동료, 가족 구성원 등에 많은 노력을 합니다.

하지만 여러 해에 걸쳐 깊고 끈끈한 관계를 유지해 온 사람들이 극심한 고통과 혼란의 원인을 제공하는 경우가 꽤 흔합니다.

이러한 관계를 유지하다가 어느 순간, 고통과 불만이 긍정적인 측면을 넘어서기 시작하거나, 관계를 끊고 난 후의 부작용보다 관계를 유지하는 고통을 더 참을 수 없게 되는 시점이 오게 됩니다.

예를 들어, 스티브는 삶의 힘든 순간 중의 하나로 전 여자친구와 모든 연락을 다 끊었던 경험을 꼽았습니다. 스티브는 1년 동안 극도로 불만스러운 관계를 이어오다가 어느 순간 이제는 그녀와 친구 관계조차 유지하고 싶지 않다는 생각이 들었습니다. 두 사람은 서로에게 큰 상처만을 입힐 뿐이어서 행복한 관계를 기대하기 어려운 상황이었습니다.

그래서 스티브는 여덟 달 동안 휴대폰 없이 유럽여행을 하면서 '강제로' 결별할 수밖에 없는 상황을 만들었습니다. 힘든 결정이었지만, 스티브는 두 사람 사이에 어떤 대화를 통해서도 해결할 수 없는 상황을 타개하려면 '단칼에 끊는' 방법밖에 없다고 생각했습니다.

나쁜 관계에서 벗어나기 위해 꼭 해외로 떠날 필요는 없지만, 누군가를 내 삶에서 몰아내려면 사전에 대책을 강구할 필요가 있으며, 자신이 계획한 대로 밀고 나가야 한다는 사실을 명심해야 합니다.

이런 최종 결정을 내리기가 쉽지 않다는 것을 우리도 잘 알고 있습니다. 하지만 상대가 누구라도 반드시 결별을 선언해야 할 보편적인 갈등 상황에 부딪힐 때가 있습니다. 예를 들면 다음과 같습니다.

- 언어적, 정서적, 신체적 학대나 폭력을 행사할 때
- 부정행위, 불성실, 기만이 거듭될 때
- 핵심 가치관이 엇갈리거나, 진실성에 의심이 들 때
- 전반적으로 유해하고, 부정적이고, 모순되는 태도를 보일 때
- 위험하고 무책임한 행동을 반복할 때
- 미성숙한 태도가 개선되지 않고 감정을 교묘히 이용할 때
- 정신 건강 문제를 방치할 때
- 중독(약물, 음주. 섹스, 도박, 음란) 문제가 있을 때
- 대화를 거부하고 문제를 해결할 의지가 없으며, 관계에 성의를 보이지 않을 때

이런 심각한 상황과는 별개로, 관계가 자연스레 소원해질 때도 있습니다. 이유를 잘 알 수는 없지만, 다른 사람이 내 삶에 활력을 주기보다

는 기운이 빠지게 한다는 기분이 들 수도 있습니다. 삶에서 다른 사람으로 인해 생긴 정서적인 무질서나 혼란을 겪고 싶지 않다는 생각이 들 때가 있습니다.

우리에게 고통을 주는 사람이 배우자이거나, 부모님, 가족, 성인이 된 자녀라면, 관계를 끊는 것은 심각한 후폭풍을 몰고 올 것입니다. 하지만 경계를 분명히 정하고, 당사자에게 자신이 정한 선을 충분히 설명함으로써 관계를 바로 세우고 정신건강도 지킬 수 있습니다.

●

올바른 인간관계를 위한 경계를 정하는 법에 관해 더 궁금한 점은 배리의 블로그에 게시된 글 〈10 Ways to Establish Personal Boundaries〉를 참고하기 바랍니다.

까다로운 부모님이나, 걱정을 끼치는 친척이 있다면 배리의 블로그에 게시된 글 〈How To Deal With Mean and Nasty People In Your Life Who Happen To Be In Your Family〉를 읽어보고 대처 방법을 찾아보기 바랍니다.

결혼 생활이 불만족스러워 이혼을 고려하고 있다면 배리의 블로그에 게시된 글 〈Unhappy Marriage: How To Decide Whether To Stay Or Go〉를 읽어보길 권합니다.

Blog http://liveboldandbllom.com

물론 관계를 바로 세우거나 관계를 끊는 일이 금세 해결될 문제는 아닙니다. 몇 달, 혹은 몇 년이 걸릴 수도 있고 삶에서 중요한 부분이었던 누군가와 멀어진다는 것은 가슴 아픈 일입니다. 그러나 우리들이 마음 정리를 소개하면서 이런 부분을 놓칠 리가 없겠지요.

소모적이거나 고통스러운 관계에서 벗어나는 방법 몇 가지를 다음에 소개합니다.

관계를 끊는 것에 대해 내가 항복하는 것은 아닐까, 또는 내가 너무 매몰차게 구는 걸까 하는 생각이 들 수도 있습니다. 한 걸음 물러서 생각해보면 죄책감이 몰려올 수도 있습니다. 하지만 끊임없이 불쾌함을 유발하는 관계를 유지하는 것은 **자신**을 존중하지 않는 것입니다.

만약 관계를 끝낼지 (또는 유지할지) 결정하는 데 어려움을 겪는다면, 그 사람이 주위에 없을 때 어떤 기분이 들지 생각해 보세요.

마음이 놓이고 숨통이 트이나요?
불안과 스트레스가 줄어드는 느낌이 드나요?

이 사람을 상대할 때 나타나는 문제와 걱정거리에 대응할 필요가 없다면, 삶이 얼마나 더 나아질지 자신에게 물어보세요. 죄책감이나 책임감 때문에 판단이 흐려질 수 있지만, 관계를 끝냈을 때 생기는 긍정적인 효과에 무게를 두어야 합니다.

관계를 끝내는 데 후유증이 나타나지 않는 경우는 드뭅니다. 자신이 내린 결정은 가까운 사람들에게 영향을 주고, 그들에게 한쪽 편을 들거나, 적어도 견해를 밝힐 것을 강요하게 됩니다. 물론 그들이 항상 내 편을 든다는 보장은 없습니다. 결과적으로 또 다른 누군가가 나와의 관계를 끊을 수도 있습니다.

결별을 통보받은 사람이 우리를 방해하거나 뒤에서 험담하는 등 어떤 방식으로든 해를 입히려고 할 수도 있습니다. 생각보다 그 대응이 심각하고 가혹할 수 있고, 상황이 좋아지기보다는 더 악화될지도 모릅니다. 관계를 끊는 것이 생각보다 더 힘들다는 것을 깨닫고 스스로 책망할 것입니다.

관계를 끝내기 전에 후유증을 생각해 보는 것은 중요합니다.

🔖 각각의 시나리오를 생각해보니 어떤 생각이 드나요?

🔖 결과를 감당할 수 있나요?

🔖 소모적인 관계를 유지하는 것보다 더 힘든가요?

'결별'의 진정한 의미 정의하기

결별은 관계를 영원히 끝내는 것으로 더는 대화나 만남이 없는 상태를 말합니다. 하지만 그것이 항상 타당하거나 모든 경우에 적용할 수 있는 방법은 아닙니다. 또한, 결별은 서로가 예전의 방식이 아닌, 새롭고 더 자기방어적인 방식으로 관계를 맺는 것을 의미하기도 합니다.

가족, 성인이 된 자녀, 전 배우자와의 관계를 완전히 끊기는 어렵습니다. 하지만 정신적, 정서적 건강을 지키기 위해 그들과 보내는 시간이나 소통하는 방법에 대해 경계를 정할 수 있습니다.

'결별'을 어떻게 정의할지 확실히 결정하세요.

▌ 그들과 시간을 얼마나 보낼 생각인가요?

▌ 어떻게, 얼마나 자주 연락하고 싶은가요?

▌ 그들과의 대화에서 절대로 용인할 수 없는 것은 무엇인가요?

이런 방식으로 미리 대책을 세워 두면, 앞으로 어떻게 행동해야 할지 자신감이 생기고 마음이 차분해집니다.

상대를 탓하지 않고 자신의 의도 전달하기

아무런 설명이나 대화도 없이 친구나 가족과의 관계를 단칼에 잘라버리는 것이 쉬운 방법일 수는 있겠지만, 좋은 방법은 아닙니다. 그 사람 때문에 아무리 힘들고 괴로웠다고 하더라도, 한 마디 설명이나 귀뜸이라도 해주는 것이 기본 도리입니다.

결별을 선언하거나, 거리를 둘 때, 질질 끌면서 얼굴 붉힐 필요는 없습니다. 물론 책임을 전가하거나 비난할 필요도 없습니다. 확실한 태도를 보이고, 내가 상대방의 입장이라면 듣고 싶을 말을 미리 생각해보고 이야기를 꺼냅니다.

보통은 직접 만나서 대화하는 것이 가장 좋은 방법이지만, 사람에 따라 적절한 방식을 골라야 합니다. 상대방이 지나치게 흥분하거나 화를 낼 것 같으면 직접 만나는 대신 편지를 하거나 전화로 이야기하는 것이 낫습니다. 어떤 방법이든, 상대방의 잘못보다는 자기감정에 중점을 두고 짧게 이야기하기 바랍니다.

예를 들면, "난 우리가 서로 안 맞는 것 같아서 너무 괴로워. 그래서 우리 이제 그만 만났으면 좋겠어. 네가 신경 쓰이지만, 우리 사이에 거리를 두는 것이 좋겠어. 아무 말 없이 연락을 끊고 싶지 않아서 이야기하는 거야."라고 말하는 것입니다.

부정적인 반응에 대비한 계획 세우기

관계를 끝낼 때 아무리 사려 깊게 행동한다 하더라도 상대(또는, 그와 관련된 또 다른 사람들)은 기분 나쁜 반응을 보일 것입니다. 사람이 화나거나 상처 입었을 때 어떻게 행동할지 예측하기 어렵습니다.

하지만 예상되는 상황에 미리 대비해야 합니다. 자기 뜻을 전할 때는 물론 힘든 대화를 마치고 난 후 함께 있어 줄 지원군이 필요하다는 뜻이기도 합니다.

상대를 아는 친구나 가족에게 절교 문제를 상의해야 할 수도 있습니다. 가능하면 그 사람에 대해 험담하지 않고 그 관계를 끝내야 하는 이유를 설명하세요.

친밀감 정도와 관계 지속 기간에 따라, 상실감과 고통을 치유하기 위해 상담사의 도움이 필요할 수도 있습니다.

시간이 흘러가면서 천천히 결별이 진행되는 관계도 있습니다. 혹은, 서로 화해한 이후에 관계가 영원히 끊어지는 경우도 있습니다.

죄책감이나 착잡함, 외로움 때문에 결별한 것을 후회할 때도 있습니다. 그래서 다시 관계를 되돌려 보면 결국 끝내기로 한 결정이 옳았다는 생각을 굳히게 됩니다.

한때 친했던 누군가와 관계를 끝내는 것은 힘들고 고통스러운 일임을 인식해야 합니다. 만약 그것이 최선의 방법이라고 생각한다면, 천천히 시간을 두고 결정해도 됩니다.

슬픔 표현하기

한때 친한 사이였고, 언젠가 개선되리라 바라던 관계를 끝내는 것은 고통스럽습니다. 한편으로는 그 관계로 인해 더는 힘들지 않아도 된다는 사실에 안도감이 들 것입니다. 정서적으로 더욱 에너지가 넘치고 일상에서 불만은 줄어들 것입니다. 그러나 슬픔은 예상치 못한 순간에 찾아옵니다. 결별하는 과정에서 슬픔이란 주머니가 만들어지는데, 치유하려면 시간이 필요합니다.

슬픔을 억누르려 하지 말고, 슬픈 감정이 생긴다고 해서 당황하거나 자신의 결정이 잘못되었다고 생각하지 않도록 해야 합니다. 결별의 과정에서 슬픈 감정이 생기는 게 당연하다고 생각한다면 슬픔은 더 빨리 우리 곁에서 사라지고, 불편한 관계로 인해 사라졌던 마음의 평화와 기쁨을 되찾을 수 있습니다.

보다시피, 내 삶에서 누군가를 몰아낸다는 것은 어려운 일이지만, 진정 중요한 사람들과 함께할 수 있는 시간이 늘어난다는 점에서 보람 있는 일입니다.

다음 장에서는 스트레스와 걱정, 삶의 부담감을 줄이기 위해 우리가 정리해야 할 네 번째 영역을 살펴보겠습니다.

4장

주변 정리하기

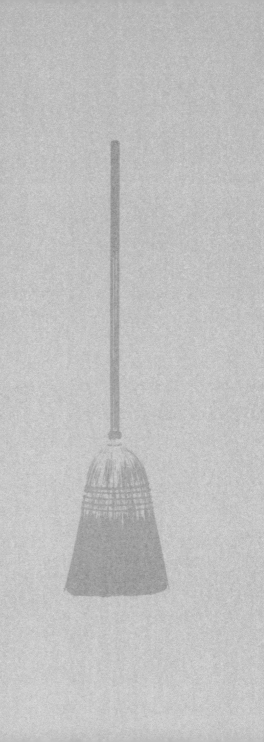

주변 정리의 중요성

"사람들이 인생에서 진정 중요한 일에만 집중한다면, 낚싯대는 동이 날 것이다."

더그 라슨 Doug Larson

매일 시간을 어디에 쏟을지 선택하는 행위가 궁극적으로 삶의 질을 결정합니다. 이 말이 뻔한 것 같지만, 많은 사람이 날마다 시시각각 자신이 무얼 하는지 꼼꼼히 살피지 못합니다.

사실, 우리는 별 생각이 없거나 따분해서 혹은 귀찮다는 이유로 다른 사람이 우리의 시간을 어떻게 쓸지 결정하도록 내버려두는 경향이 있습니다.

사람들은 삶을 어떻게 꾸려나가고 싶은지 신중하게 고민하기보다 당장 눈앞에 닥친 일에 대응합니다.

앞서 가치관, 삶의 우선순위, 목표, 삶의 열정을 어떻게 정할지 이야기했습니다. 이러한 실천 방법을 통해 우리는 삶에서 일상적인 활동을 올바른 방향으로 이끌어 갈 수 있습니다. 하지만 매일 매 순간 궁극적인 삶에 맞는 활동들에 집중하기는 힘듭니다. 이 말은 시간을 대부분 부담감과 공허함, 내적 무질서를 유발하는 무의미한 일로 허비한다는 것을 의미합니다.

우리는 갈수록 물건과 일상, 주변 환경에 애착을 느낍니다. 기분 나는 대로 사들인 물건들이 시간이 지날수록 점점 더 쌓이면서 집은 창고로 전락합니다. 최신 기술에 집착하고, 소셜 미디어에 몇 시간씩 투자해 '셀카'를 찍어 올리고, 사소한 일상을 기록하여 공유하는 일에 몰두합니다.

그러므로 마음 정리의 효과를 충분히 누리려면, 일상적인 활동이지만 삶의 에너지를 고갈시킬 가능성이 있는 활동인지 살펴봐야 할 필요가 있습니다. 이러한 무의미한 활동들은 거대한 댐에 나 있는 작은 구멍처럼 우리의 에너지와 행복이 밖으로 새어 나가게 합니다. 하지만 삶에 약간의 변화를 준다면, 이 구멍을 메워서 우리의 내면을 다시 채울 수 있습니다.

이 장에서는 마음 정리 과정의 마지막 영역으로, 주변 정리를 통해 우리 삶의 중요한 목표와 소중한 사람들로 채워 넣을 내적인 공간을 확보하는 방법을 살펴보겠습니다.

집안 살림 간소화하기

집은 우리에게 평화와 행복, 안정감을 느끼게 해주는 공간으로 안식처가 되어야 합니다. 하지만 잡동사니들이 가득 차서 집이 어수선하다면 그럴 수 있을까요?

프린스턴 대학교 신경과학 연구소의 연구원들이 신경과학 저널에 깔끔하고 정돈된 생활 방식에 관한 연구를 게재했습니다. 〈인간 시각 피질에서 하향식 및 상향식 메커니즘의 상호작용〉이라는 제목의 이 보고서는 다음과 같은 내용을 담고 있습니다.

> 시각을 통해 동시다발적으로 들어오는 자극은 시각 피질에서 발생하는 활동을 서로 억제하기에 신경 재현을 두고 서로 경쟁하게 되며, 결국 시각계의 제한된 처리 능력 때문에 신경 상관자를 제공해야만 한다.

다시 말해, 주변 환경이 어수선하면 시각적 혼란이 유발되고 집중력이 떨어집니다. 게다가 어수선한 환경은 뇌의 정보처리 능력을 제한합니다. 주변이 혼잡하면 깔끔하게 정리된 조용한 환경에 있을 때만큼 정보를 처리할 수 없습니다.

잠시, 최소한의 가구 외에는 어수선한 물건이나 쓸모없는 장식품이 전혀 없는 정돈된 방을 머릿속에 그려보세요. 방이 깔끔하고 잘 정리되어 간결합니다.

이 방에 자신이 앉아 있다고 생각하고 어떤 기분일지 생각해 보세요.

이제, 가구가 가득 차 있고, 잡지와 책은 탁자 위에 수북히 쌓여 있으며, 온 사방에 어수선한 물건과 잡동사니가 잔뜩 널려 있는 방을 떠올려 보세요.

이 방에 앉아 있는 기분은 어떤가요?

어수선한 환경은 집중력을 떨어뜨리는 것은 물론, 마음을 어지럽히고 불안하게 만듭니다. 뇌에서 이 모든 시각적인 자극을 처리하느라 바빠서 우리는 매 순간을 충분히 즐길 수 없게 됩니다.

아마도 지금쯤 여러분은 집에 있는 수많은 물건을 생각하며 감상에 빠져 있을지도 모릅니다. 하지만 주변의 무질서와 그것이 정신건강에 미치는 영향에 대해 마음가짐을 달리 가져보기를 권합니다. 집 안 정리는 물건과 이별하는 것이 좀 더 편해질 때까지 몇 번이고 반복해야 하는 과정입니다. 하지만 한번 시작하게 되면 우리의 에너지와 정신 건강에 긍정적인 영향을 주는 것에 놀라게 될 것입니다.

●

집 안 정리법을 다룬 우리들의 저서 《10-Minute Declutter: The Stress Free Habit for Simplifying your Home》에서는 집 안 구석구석을 정리 정돈하는 방법을 자세히 소개하고 있습니다.

매일 시간을 조금씩만 투자한다면 집 안 정리는 생각보다 시간이 오래 걸리지 않고 부담감도 그리 크지 않습니다. 하루에 단 10분만 집 안 정리에 시간을 투자한다면 몇 주 지나지 않아 집은 깔끔하게 정리될 것입니다.

집 안 정리를 시작하는 데 도움이 될 **10단계 정리정돈 과정**을 소개합니다.

1단계 보관장소 정하기

다른 곳에 보관하거나 남에게 줄 물건을 임시로 보관할 장소를 정해야합니다. 물건들을 최종적으로 처리할 때까지 놓아둘 방이나 공간을 마련합니다. 한 곳에 모아두지 않고 물건을 정리하고 있는 각 방의 한쪽 구석에 놓아두고 싶다면 그것도 괜찮습니다. 방 한구석에 잡동사니가 쌓여 있어도 상관없다면 말입니다.

2단계 상자 마련하기

다양한 크기의 상자를 준비하여 기부할 것, 물려줄 것, 중고로 팔 것, 보관할 것을 구분해 놓습니다. 물건을 모아두는 건 저렴한 종이 상자를 활용하세요. 오래 보관하고 싶은 물건을 담아 두려면 나중에 더 견고한 보관 용기를 사도 좋습니다.

3단계 타이머, 공책, 펜 준비하기

매일 10분씩만 할애할 수 있도록 끝나는 시간을 타이머로 맞춰 놓습니다. 10분 안에 얼마나 많은 일을 할 수 있는지 알면 깜짝 놀랄 것입니다.

또, 정리정돈을 할 때 공책과 펜을 옆에 둡니다.

사야 할 정리 용품을 적어 두거나, 보관하거나 기부하거나, 판매할 물건에 대한 계획을 세워서 기록합니다.

4단계 일정 세우기

10분 정리 일정을 세운다는 것은 새로운 습관을 기른다는 의미이며, 그것은 쉽지 않은 일입니다. 습관으로 자리를 잡기까지 절대로 포기하지 않게 도와줄 몇 가지 특별한 요령이 필요합니다. 우선 정리를 하고 싶은 시간을 선택합니다. 아침에 커피 마시기, 또는 양치질하기 등 이미 습관으로 자리 잡은 행동에 바로 이어서 하는 것이 좋습니다. 이러한 동기유발 행동들이 정리를 시작할 시간이라는 신호를 줍니다. 새로운 습관을 실행에 옮긴 다음 자기 자신에게 적절한 보상을 하길 권합니다.

●

더 자세한 방법은 스티브의 블로그(developgoodhabits.com)에 게시된 글 〈How to Form a New Habit (in 8 Easy Steps)〉을 참조하세요.

5단계 시간을 가장 많이 보내는 장소부터 시작하기

정리정돈을 어디서부터 시작해야 할지 막막하다면, 시간을 가장 많이 보내는 장소부터 시작하길 권합니다. 대부분 주방과 침실, 거실을 꼽을 것입니다. 가장 많이 쓰는 공간을 정리하면 큰 만족감을 얻는 동시에 정서적인 에너지가 샘솟고 마음의 평화가 찾아올 것입니다.

6단계 체계 정하기

하루 10분 정리를 꾸준히 실천하려면, 위에서 아래로, 왼쪽에서 오른쪽으로 이동하며 정리하는 습관을 들입니다. 예를 들어, 주방 수납장 제일 위 칸의 왼쪽에서부터 정리와 청소를 시작하여 오른쪽으로 이동하는 것입니다.

선반 왼쪽 부분의 모든 물건을 치우고, 선반에 다시 올려놓을 물건을 재빨리 분류하세요. 선반을 깨끗이 닦고 나서 보관할 물건을 다시 올려놓습니다. 나머지 물건은 나누어 줄 것인지 팔 것인지 기부할 것인지, 아니면 다른 곳에 보관할 것인지 분류하여 해당 상자에 넣습니다. 서랍을 정리할 때도 마찬가지로 모두 꺼냅니다. 서랍을 깨끗이 닦아서 꼭 필요한 물건만 다시 넣고 나머지는 분류하여 해당 상자에 넣습니다.

7단계 망설이지 않기

정리하는 데 시간이 걸리는 이유 중의 하나는 물건을 버릴지 말지 결정하지 못하기 때문입니다. 우리의 결정에 혼란을 주는 백만 가지 이유가 있지만, 성공적으로 정리를 끝내려면 순간의 망설임과 싸워야 합니다.

정리한 공간에 꼭 필요한 물건만 다시 집어넣어야 하는 이유가 바로 그 때문입니다. 필요하지 않거나 원하지 않는 물건은 모두 처분하세요. 갖고 있어야 할지 버릴지 결정하기 힘들거나 잘 쓰지 않는 물건은 보관 상자에 넣고 나중에 다시 생각해 보세요. 그런 다음 보관 상자에 라벨을 붙이고 밀봉하여 창고에 넣습니다.

8단계 **빠르게 작업하기**

정리정돈을 하면서 자꾸 주의가 흐트러진다는 사실을 깨달았나요? 무언가를 집어 들어 바라보고 생각에 잠겼다가 이것을 어떻게 쓸까 고민합니다. 하지만 10분 정리법을 적용하면 우리는 긴박감을 느끼게 됩니다.

우리는 짧은 시간 내에 일을 끝내려고 합니다. 그러므로 자신이 꼭 필요한 물건만을 남겨놓는 것이 중요합니다. 남겨야 할지 의문이 드는 물건들은 나중에 처리하면 됩니다. 그 물건 없이 얼마간 지내다 보면 결국 필요 없는 물건이었다는 사실을 깨닫게 됩니다.

9단계 **가족들에게 이야기하기**

한집에 사는 가족들에게 자신의 정리정돈 계획에 관해 이야기하는 것을 잊지 마세요. 가족들의 도움을 받아 계획보다 더 빨리 끝낼 수 있다면 더욱 좋습니다. 최소한 이미 정리한 공간을 바로 등 뒤에서 다시 어지르는 일은 없도록 주의를 줍니다. 만약 아이들이 있다면, 10분 정리 계획에 동참시키는 것이 좋습니다. 시간을 정해놓고 경주하듯이 하다 보면 아이들도 즐거워할 것입니다.

10단계 **과정 즐기기**

아무리 사소한 성과라 하더라도 우리는 큰 만족감과 자존감을 얻을 수 있습니다. 매일 조금씩 정리해나가다 보면 간결하고 정돈되고 깔끔한 집을 만들 수 있습니다. 하지만 매일 하는 일을 단지 목적을 이루기 위한 수단으로 생각하기보다, 10분의 정리 시간 그 자체를 즐기도록 노력하길 권합니다. 음악을 틀어놓고 즐겁게 일해 보세요. 일을 끝내고 나면, 차 한잔 마시기, 책 읽기, 산책하기 등으로 자기 자신에게 적절하게 보상합시다.

《인생이 빛나는 정리의 마법》의 저자 곤도 마리에는 이렇게 주장했습니다.

"우리가 사는 공간은 과거의 우리가 아닌 지금 우리를 위한 공간이어야 한다."

만약 여러분이 생각이나 어수선한 물건때문에 과거에 지나치게 연연하고 있다면, 고통을 자청하는 것입니다.

보내 주세요.
우리를 짓누르는 주변의 잡동사니를 정리하세요.
지금 이 순간의 삶과 마음에 충실하면 자유롭고 홀가분해질 것입니다.

디지털 라이프 간소화하기

　최신 기술과 디지털 통신의 폭발적인 발전으로 인해 얻는 장점은 매우 많습니다. 확실히 우리는 더 편하고, 빠르고, 효율적인 삶을 영위하고 있습니다. 하지만 디지털 기기에 대한 의존이 도를 넘으면서 문제점도 많이 늘어났습니다.

　기술에 대한 의존도가 점점 높아지면서 우리 삶의 구석구석까지 디지털 기기의 영향을 받고 있습니다. 우리는 삶의 편의를 위해 만들어진 작은 기기들의 노예가 되어 가면서, 현실 세계와의 접촉이나 경험 대신 인스턴트 정보에 대해 임기응변으로 대처하고, 질 낮은 오락거리를 선호합니다.

　우리는 소셜 미디어에 많은 시간을 투자합니다. 이메일 수신함은 새로 받은 메시지로 넘쳐나고, 컴퓨터 바탕화면은 복잡하게 어질러져 있습니다. 노트북은 평생 다 들여다볼 수도 없는 문서와 사진, 다운받은 자료들로 가득 차서 터지기 일보 직전입니다.

　디지털 '잡동사니' 때문에 나도 모르게 불필요한 활동으로 시간을 허비합니다. 집 안의 물질적 잡동사니와 마찬가지로 디지털 잡동사니도 걱정과 불안, 부담감을 불러일으킵니다.

　배리와 스티브의 저서 《10-Minute Digital Declutter: The Simple Habit to eliminate Technology Overload》에서는 다음과 같은 사실을 일깨워 줍니다.

> 만약 각각의 디지털 기기에 할애하는 시간이 매일 조금씩 늘어난다
> 면, 우리는 아마도 배우자, 아이들, 친구들과 함께하는 시간보다 가
> 상 세계와 더 친밀감을 느끼게 될 것입니다. 이런 삶이 조화롭지 않
> 다는 사실은 모두 다 잘 알고 있겠지만, 짬이 날 때뿐만 아니라, 심
> 지어 바쁠 때조차 습관처럼 손가락을 움직여 스마트폰을 켜고 멍하
> 니 쳐다봅니다. 이것이 진정 여러분이 원하던 삶인가요?

여러분의 마음 정리 습관 형성에 도움을 주기 위해 이 책에 소개된 몇 가지 활동을 추천합니다.

디지털 기기를 사용하는 시간을 어떻게 활용하나요?

디지털 기기를 사용할 때, 자신이 시간을 어떻게 쓰는지 현실적으로 살펴볼 필요가 있습니다. 물론 개인적으로든 업무적으로든 꼭 필요한 일을 위해 온라인에 접속해야 합니다. 하지만 인터넷에 접속해서 하는 활동 중 많은 시간을 차지하는 것은 대부분 인터넷 검색과 게임, 소셜 미디어 활동입니다.

잠깐 하루를 돌아보고 불필요하게 인터넷에 접속하는 시간을 모두 더해 보세요. 하루의 디지털 활동에 대해 일지를 기록하면 더 좋습니다. 자신이 가상의 경험에 얼마나 많은 시간을 허비하는지 알게 되면 놀랄 것입니다.

지나치게 디지털 기기를 사용하면 불안해지고, 중독성이 있기 때문에 삶에 활기를 주는 의미 있는 활동으로부터 멀어지게 됩니다.

디지털 기기 사용을 줄이려면 어디서부터 어떻게 시작해야 할까요?

처음에는 하루에 한 시간 정도만 디지털 기기를 전혀 사용하지 않기로 약속합니다. 컴퓨터를 끄고, 스마트폰을 서랍에 넣습니다. 디지털 기기를 만지작거리는 대신 할 수 있는 일이 무엇이 있을까요?

이런 활동은 어떨까요?

- 책 읽기
- 산책하기
- 운동하기
- 친구와 대화하기
- 배우자와 자녀들과 단란한 시간 보내기
- 글쓰기나 그림 그리기와 같이 창조적인 일 하기
- 새로운 기술 배우기
- 명상하기
- 음악 감상하기
- 자전거 타기
- 계획한 일 마무리 짓기

현실적이면서, 지금 현재에 집중할 수 있는 긍정적인 일을 하면 디지털 몰입으로 인한 에너지 소모와 지나치게 오랜 시간 동안 기기를 사용하면서 생기는 부담감과 걱정을 덜 수 있습니다.

디지털 잡동사니는 집 안의 잡동사니처럼 눈에 보이는 것이 아니므로 우리가 모르는 사이에 점점 쌓여갑니다. 컴퓨터 바탕화면에는 여러 아이콘이 뒤죽박죽 섞여 있고, 이메일 수신함은 항상 넘쳐나는 데다가, 파일과 문서는 어찌나 엉망으로 뒤섞여 있는지 무엇 하나 찾으려면 대대적인 수색 작전을 펼쳐야 할 지경입니다.

현대인의 삶은 전적으로 컴퓨터에 달려 있습니다. 극단적으로 들릴 수도 있겠지만, 개인적으로, 업무적으로 중요한 문서와 파일을 컴퓨터에 모두 저장해 놓는 사람이라면 이 장비가 우리의 일상생활에 얼마나 중요한지 알고 있을 것입니다.

이렇게 디지털 기기에 의존적인 삶을 살다가 디지털 저장 강박증에 시달리게 될 수도 있습니다. 매번 문서와 이메일을 찾으려고 애쓰면 시간만 낭비하고 날마다 불만과 걱정이 늘어납니다.

스마트폰은 주머니와 핸드백에 넣어 어디든 휴대할 수 있는 미니컴퓨터 역할을 합니다. 우리를 진 빠지게 하는 지나치게 많은 앱, 사진, 뉴스 피드, 게임 등 디지털 '잡동사니'를 모아둘 또 다른 장소가 되었습니다.

디지털 기기가 꽉 차 있다면 스스로 인식하든 하지 못하든 간에 마음에 부담이 됩니다. 하루에 10분만 투자하여 잡동사니를 조금씩 정리한다면 마음이 훨씬 가볍고 자유로워질 것입니다.

디지털 기기를 정리할 때, 가장 큰 만족감을 얻을 수 있는 부분부터 시작하기를 권합니다. 만약 매일 필요한 문서를 찾지 못해서 불만이라면 문서 정리부터 시작하세요. 메일 수신함에 쌓인 수천 개에 달하는 이메일을 볼 때마다 심장 박동이 빨라진다면, 메일 수신함을 출발점으로 삼으면 됩니다. 일단 시작하는 것이 가장 중요합니다.

디지털 기기를 대하는 여러분의 마음가짐은 어떤가요?

디지털 기기(또는 그 안에 담긴 정보)가 정신적 스트레스와 불안을 유발한다는 것은 잘 알려진 사실입니다. 아무도 인정하고 싶어 하지는 않지만, 디지털 기술이 우리 일상 곳곳에 얼마나 많이 스며들어 있는지는 누구나 잘 알고 있습니다.

이러한 현상은 일시적인 유행으로 끝나지는 않을 것입니다. 우리 생활 방식은 상당 부분 디지털화되어 있고, 해가 갈수록 점점 더 그 영향력이 커질 것이 분명합니다. 우리 삶에 끼어들어 정신건강에 영향을 미치는 디지털 기술을 어떻게 다스릴 것인지는 전적으로 우리 자신에게 달려 있습니다. 그러므로 디지털 생활에 대한 자신의 가치관과 선택의 범위를 정하는 데 미리 대책을 마련하는 것이 중요합니다.

우리는 디지털 '가치체계'를 확립하여 시간을 관리하고 (정신적 또는 디지털 상의) 무질서를 다스리는데 도움이 될 자신만의 기준을 정할 수 있습니다.

디지털 기기 사용에 대한 기준을 정하는 데 활용할 수 있도록 다음 질문에 대답해 봅시다.

▌ 업무를 위해 절대적으로 필요한 디지털 기기 사용 시간은 하루에 얼마나 되나요?

▌ 내가 원하는 것보다 더 많은 시간을 컴퓨터 앞에서 보내야 하는 업무를 하고 있나요?

▌ 어떻게 하면 직장에서 더 자주 사람들과 얼굴을 맞대고 대화할 수 있을까요?

▌ 집에서 컴퓨터로 일하는 데 시간을 얼마나 할애하고 싶은가요?

▌ 오락 목적으로 소셜 미디어를 이용하는 데 시간을 얼마나 할애하고 싶은가요?

▌ 오락 목적으로 스마트폰을 사용하는 데 시간을 얼마나 할애하고 싶은가요?

▌ 문자보다 전화 통화를 하거나 직접 만나는 것이 좋을 때는 어떤 상황일까요?

▌ 내가 소홀했던 친구 관계가 있다면 어떻게 우정을 키울 수 있을까요?

▌ 가족이나 친구와 함께 있을 때 스마트폰, 아이패드, 노트북 사용에 대해 서로 합의할 사항은 무엇일까요?

▌ 전통이나 (저녁을 함께 먹는 것과 같은) 가족의 시간을 디지털 기기가 없이 신성하고 개인적인 시간으로 정하고 싶은가요?

▌ 자녀들이 디지털 기기를 사용할 때 정해야 할 규칙이나 제한에는 무엇이 있을까요?

▌ 이러한 규칙을 따르는 데 있어서 어떻게 하면 내가 아이들에게 본보기가 될 수 있을까요?

▌ 휴식 시간을 알차게 보낼 5가지 방법은 무엇인가요?

▌ '웹 서핑'을 하거나 소셜 미디어에 접속하고 싶은 충동에 어떻게 대처할 수 있을까요?

▌ 디지털 잡동사니가 감당할 수 없는 지경에 이르지 않도록 관리하려면 내가 어떤 태도를 가져야 할까요?

이들 질문에 대한 답을 활용하여, 디지털 기기를 사용할 때 시간과 에너지를 어떻게 쓸 것인지 기준이 되어 줄 자신의 가치관과 다짐을 적어 봅시다. 가끔은 절제력을 잃을 수도 있지만. 가치관이 명확하다면 다시 시작할 수 있습니다.

활동 간소화하기

"아무것도 하지 않고, 그냥 이리저리 걸어 다니고, 들을 수 없는 모든 소리에 귀 기울이고, 걱정하지 않는 것을 하찮게 보지 마."

곰돌이 푸 Winnie the pooh

"오늘 기분이 어때요?"라는 질문에 "바빠 죽겠어요, 사는 게 정말 힘들어요."라고 대답한 적이 꽤 많을 것입니다. 같은 질문에 대해 "사는 게 정말 행복해요. 지금 아무것도 하지 않아서 마음이 정말 편안하네요."라는 대답을 해 본 적이 있나요?

모두가 바쁩니다. 일하고, 일하고, 또 일합니다.

대체 무엇 때문일까요?

왜 우리는 그렇게 '할 일' 목록을 가득 채워서 바쁘게 서두르고, 여가 한번 여유롭게 즐기지 못하는 걸까요?

사람들은 수입을 창출하거나 자아를 실현하는 '생산적인' 활동으로 시간을 보내지 않으면 죄책감을 느낍니다. 노동 시간을 단축하게 하는 최신 기술과 기기들이 계속해서 발전하고 있지만 우리는 잠깐이라도 아무 일을 하지 않으면 실패한 기분이 듭니다. 여유 시간이 생긴다 하더라도 할일을 충분히 하지 않아서 생기는 불안을 잠재우기 위해 우리는 급히 시간을 써버립니다.

2014년 〈이코노미스트〉지에 실린 기사에서 일리노이 대학교의 사회심리학자 해리 트리안디스는

"협력보다 성과에 주안점을 두는 개인주의적 문화에서 시간은 돈이라는 사고방식이 만연해 있다. 이러한 사고방식은 한 시도 허투루 쓸 수 없다는 절박감을 심어준다."

라고 지적했습니다.

여러분도 생산적이고 가치 있는 일을 했다는 만족감을 얻기 위해 아무 생각 없이 '할 일' 목록에 적힌 일을 처리해나가며 미친 듯이 뛰어다닌 적이 있나요?

가끔은 하루 일정이 우리의 삶보다 중요해지고, 우리를 무력하게 만드는 내적 무질서와 스트레스를 유발하는 방식으로 시간을 보내고 있는 것은 아닌지 뒤돌아 볼 필요가 있습니다.

우리는 일과 의무가 되풀이되는 쳇바퀴 속에 갇혀 있어서, 정작 우리가 충실히 임해야 하는 일에 쏟을 시간은 그리 많지 않습니다.

듀크 대학교의 이슬람학 연구센터의 책임자인 오미드 사피는 온 빙 위드 크리스타 티펫 블로그(http://www.onbeing.org/blog)에 게시된 글 〈The Disease of Being Busy〉에서 다음과 같이 한탄했습니다.

> 우리가 사랑하는 사람들과 마주 앉아서 여유 있게 마음과 영혼에 대해 진심 어린 대화를 나눌 수 있는 세상, 천천히 전개되는 대화 사이에 끼어드는 의미심장한 침묵조차 굳이 서둘러 채울 필요가 없는 그런 세상이 도대체 어디로 간 걸까요?

> 우리는 어떻게 이런 세상을 만들었을까요? 할 일은 점점 더 많아지
> 는 반면 여가는 줄어들고, 생각할 시간도 줄어들고, 친목의 시간도
> 줄어들고, 이러다가 세상에 존재할 시간도 줄어드는 건 아닐까요?

분주함의 덫에서 벗어나기 힘들다는 사실은 의심의 여지가 없습니다. 사람들은 "게으름은 악의 원천이다."라는 말에 세뇌됐습니다. 우리는 열심히 일하면서 능률을 높이고 활기찬 생활을 하는 것이 나쁘다는 말을 하는 것이 아닙니다. 반대로 그렇게 사는 것은 만족스럽고 행복한 삶에 크게 기여합니다. 하지만 이것도 지나치면 오히려 역효과를 내서 우리 삶을 고갈시키고 중압감에 시달리게 만듭니다.

불필요한 활동들을 줄이고 없애면 처음엔 불편하고 심지어 위협적으로 느껴질 수도 있습니다.

내가 일을 줄이면 사람들이 어떻게 생각할까?

수입이 없어지려나?

게을러 보이지는 않을까?

우리 아이들이 뒤처지면 어쩌지?

내 생활이 무너질까?

일을 줄이는 첫 단계는 이것이 가치 있는 노력이라는 사실을 받아들이는 것입니다. 분주함이 내적 무질서를 유발하는 원인이라는 것을 인정하고, 줄여서 얻을 가치가 더 크다고 생각하기 바랍니다.

하루 일정을 정리할 다음의 **8가지 실천 방법**을 삶에 적용하면 여러분은 진정 중요한 활동을 즐길 수 있을 것입니다.

실천방법 1 일과 중 우선순위 정하기

바쁜 일정에 삶의 우선순위에 둔 활동들을 끼워 넣는 대신, 먼저 우선순위에 둔 활동들을 위한 시간을 만드세요. 예를 들어, 배우자나 연인, 아이들과 시간을 보내는 것이 우선순위에 둔 활동들이라면 매일 그들과 함께할 시간을 정합니다. 사전에 정한 타당한 이유가 없다면 절대로 이 약속을 어기지 말아야 합니다.

삶의 우선순위에 둔 활동 때문에 '정말 중요한' 업무의 순위가 밀린다면 먼저 심호흡을 하고 생각해 보세요. 그 '중요한 업무'가 삶의 우선순위보다 우위에 있는지를 말입니다.

실천방법 2 의무감에 하는 일 배제하기

다음 주(또는 미리 정해져 있다면 다음 달까지)에 사적으로, 업무적으로 해야 할 책임과 의무를 모두 적어봅니다. 목록을 다시 살펴보면서 심각하게 고민하지 않고 빼도 될 일이 있는지 생각해 보세요. 그리고 다시 목록을 살펴보면서 남에게 맡길 수 있는 일, 늦춰도 되는 일, 단축할 수 있는 일이 있는지 생각해 보세요.

만약 죄책감과 책임감, 또는 불편한 마음이 들어서 목록에 포함시킨 일이 있다면, 그 일을 빼놓고 하지 않으면 어떻게 되는지 시험해보세요. 아마 해방감을 맛볼 것이고, 우려하던 영향은 생기지 않을 것입니다.

실천향법 3 하루 3가지 중요한 목표에 집중하기

하루에 많은 일을 한꺼번에 해치우려 하지 말고, 단 3가지 목표로 줄여 보세요. 일을 적게 해도 좋지만, 의지와 시간과 집중력은 더 많이 투자해야 합니다.

하루에 3가지 목표를 달성했다면 이미 목표를 달성했기 때문에 더 많은 일을 하지 않아도 되어서 통제력과 마음의 안정을 얻을 수 있고, 부담감과 긴박감 없이 성취감을 얻을 수 있습니다.

실천향법 4 나만의 신성한 시간 갖기

하루 중 절대 아무것도 하지 않는 시간을 갖도록 하세요. 의자에 앉아서 창밖을 바라보거나, 산책하면서 새소리를 들어보세요. 명상이나 호흡을 하거나, 계획을 짜거나, 곰곰이 생각하는 등 그 어떤 것도 하지 말고, 있는 그대로 실재합니다.

하루에 5분씩 여러 번 이런 시간을 갖습니다. 그러다 보면 하루 한 시간 이상의 '있는 그대로 실재하기'가 편해질 날이 올 것입니다.

실천향법 5 자녀의 일정 재점검하기

요즘 부모들은 이전 세대의 부모들처럼 자녀들이 체계적이지 않은 자유 시간을 갖는 것을 용인하려 하지 않습니다. 아이들의 일정은 여러 가지 과외 활동으로 꽉 차 있고 놀이시간마저 미리 정해져 있습니다. 많은 과제와 가상세계의 유혹때문에 아이들이 창의적으로 놀지 않고, 가족과 많은 시간을 가지거나 혼자만의 상상의 세계를 가질 수 있을지도 의아해집니다.

아동기와 유아기에는 정신건강과 정서발달을 위해 자유 시간을 많이 가져야 합니다. 어른과 마찬가지로 아이들도 중압감을 느끼면 불안하고 우울해질 수 있습니다.

제임스 매디슨 대학교 유·초등교육 부교수이자 국제놀이협회 미국지부장인 도로시 슬러스는 아이들이 매주 강도 높게 꽉 짜인 활동을 했거나, 수련회를 다녀온 후에는 3주 동안 여유로운 시간을 보내야 한다고 말합니다.

부모들 역시 자녀들에게 과도한 일정을 강요하면서 고통을 받습니다. 이 학원에서 저 학원으로 아이들을 실어 나르는 것도 보통 힘든 일이 아닙니다. 자녀마다 제각기 다른 활동 계획을 세우는 것도 정신적 에너지를 소모합니다. 자녀가 학교 시험에서 우수한 성적을 거두거나 교내 특별활동에서 활약하기를 바라는 마음에서 우러나오는 걱정은 내적 무질서만 가중할 뿐입니다.

어린 청소년들조차 경쟁을 절대적 가치로 여기는 사회에서 자녀의 과외 활동을 줄이겠다고 결정하기는 쉽지 않습니다. 하지만 자기계발과 완벽한 휴식이 균형을 이루면 부모와 자녀의 삶이 더 충만해집니다.

실천방법 6 정시에 퇴근하기

〈LA 타임〉지의 최근 기사는 다음과 같은 사실을 밝혔습니다.

"미국은 선진 산업국 중에 한국을 제외하고 가장 오랜 시간 동안 일하는 나라다. 미국인들은 유럽인들보다 휴가를 훨씬 적게 쓴다. 대부분 지난 7년간 소득은 그대로인 데 반해 업무 부담은 두 배로 늘어났다."

이 기사에는 다음과 같은 내용이 덧붙여 있습니다. "수많은 연구에서 지적했듯이, 선택이든 의무든 상관없이 업무에 지나치게 많은 시간을 투자하는 사람들은 업무의 효율성이 떨어진다. 예외는 있지만 이런 사람들은 에너지가 완전히 소진되고 창의력을 잃게 된다."

업무에 필요한 시간 이상을 일에 쏟아붓거나 업무에 쏟는 시간 때문에 삶의 우선순위에 둔 활동들을 희생시키고 있다면, 자신의 업무 시간에 대해 다시 생각해 봐야 합니다. 여러분이 배리와 스티브처럼 재택근무를 하거나 사업을 한다면 특히나 중요한 문제입니다.

아무리 일에 열정을 쏟고 있다 하더라도, 적당한 휴식, 인간관계, 여가 활동에 균형을 잡지 못하면 중압감에 시달려 정신건강에 심각한 문제가 생길 수 있습니다.

자신이 만약 지나치게 많은 시간을 일에 쏟고 있다면 일주일에 하루 쉬는 것부터 시작해서 점차 시간을 줄여야 합니다. 직장에서 정시에 퇴근하고, 재택근무를 한다면 오후 다섯 시면 컴퓨터를 끄고 밤에는 일을 중단하도록 하세요.

실천방법7 디지털 안식기 갖기

앞서 우리는 과도한 디지털 기기의 사용이 얼마나 마음을 불안하게 하는지 살펴보았습니다. 스마트폰이나 노트북은 사용하지 않을 때도 우리 주변을 맴돌면서 업무 진행 상황과 페이스북 새 소식을 확인하라고 수시로 알림을 울려대고, 최신 게임 앱을 다운받으라고 유혹합니다.

우리 부모님 세대에도 주의를 흐트러뜨리는 요인은 숱하게 많이 있었지만, 오늘날 우리처럼 스마트폰을 잠시도 내려놓지 않고 화장실까지 들고 가는 문화는 전례가 없던 일입니다. 길거리에서는 휴대폰을 귀에 대고 통화를 하거나 문자 메시지를 보내면서 걸어가지 않는 사람을 찾아보기 힘들 정도입니다.

이런 생각만 해도 숨이 가빠올지도 모르지만, 삶에서 정신을 맑게 하는 가장 좋은 방법은 수시로 '디지털 안식기'를 갖고, 휴대폰, 태블릿, 컴퓨터 등 인터넷에 연결할 수 있는 모든 기기를 사용하지 않는 것입니다.

우선 하루 또는 주말 동안 실천해 보거나, 휴가 기간을 디지털 안식기로 활용하여, 편안히 휴식을 취하고 사람들과 실제로 어울려 지내봅시다. 이 방법이 스트레스를 낮추는 데 도움이 된다는 생각이 든다면 삶에서 이런 은둔을 정기적으로 갖도록 일정을 조정합시다.

실천방법 8 몰입과 집중의 힘 활용하기

미하이 칙센트미하이는 헝가리인 심리학자이며, 행복과 창의력, 성취감, 몰입이라는 개념을 주제로 처음 연구한 학자입니다. 몰입은 칙센트미하이가 만들어 낸 개념으로, 일이나 놀이, 예술활동 등을 할 때 극도로 몰두하여 집중력이 최고조에 이른 상태를 말합니다. 칙센트미하이는 베스트셀러《몰입, 미치도록 행복한 나를 만난다》의 저자입니다.

칙센트미하이는 몰입을 이렇게 정의했습니다.

"어떤 활동에 깊이 몰두해 있어서 다른 어떤 것도 마음에 들어오지 않는 상태이며, 그 경험은 매우 큰 즐거움을 주기 때문에 사람들은 어떤 대가를 치르더라도 계속 그 상태에 이르려고 노력한다."

'몰입' 상태에 이르면 사람들은 자신의 활동, 그중에서도 특히 창의적인 일에 푹 빠져들게 됩니다. 이렇게 활동에 몰두하면 우리는 "기운이 나고, 정신이 맑아지고, 마음을 쉽게 다잡을 수 있고, 남의 눈을 의식하지 않으며 능력을 최대한 발휘할 수 있습니다." 즉, 집중력이 극도로 높아져서 그 무엇에도 현혹되지 않습니다.

혼자 또는 가족이나 친구들과 함께하는 휴식시간은 내적 무질서를 해소할 더할 나위 없이 좋은 해독제이지만, 몰입 상태에서 시간을 보내면 한 차원 높은 수준의 해독 효과를 얻게 됩니다. 몰입 상태는 명상에 잠긴 상태와 같으며, 나와 내가 하는 활동이 하나가 된 것처럼, 일이 수월하게 진행되는 것을 느낄 수 있습니다.

우리가 활동에 푹 빠져 있으면 무아지경에 이르고, 나 자신마저 잊게 되는데, 이는 지금 이 순간에 깊이 몰두하기 때문입니다. 칙센트미하이는 몰입 상태를 '최적 경험'이라고 표현하며, 행복과 성취감의 원천이라고 보았습니다.

칙센트미하이에 따르면, 몰입에 이르기 위해서는 다음과 같은 다양한 조건이 뒷받침되어야 합니다.

- 매사에 뚜렷한 목표가 있다.
- 행동에 대해 즉각적으로 피드백을 받는다.
- 도전과제와 재능이 균형을 이룬다.
- 의식과 행동이 하나로 합쳐진다.
- 의식에 잡념이 없다
- 실패에 대해 걱정하지 않는다
- 자아에 대한 의식이 사라진다.
- 시간 개념이 왜곡된다.
- 활동 자체가 목적이 된다.

우리는 다음과 같은 방법을 통해 몰입 상태에 이를 수 있습니다.

도전과제 찾기

자신이 즐겨 할 수 있으면서도 다소 도전적인 활동을 선택합니다. 바이올린 연주하기, 나만의 책 쓰기, 요가 하기, 골프 치기, 업무에 집중하기 등 어느 것이든 상관없습니다. 명확한 규칙이 정해져 있는 활동이나 정해진 목표가 있다면 더 좋습니다. 무얼 어떻게 해야 할지 질문할 필요 없이 실천에 옮기면 되기 때문입니다.

기술 연마하기

도전에 성공하기 위해서 여러분은 기술을 연마하여 능숙해져야 합니다. 활동이 너무 쉽다면 금세 싫증을 내게 되고, 정신이 산만해져서 몰입 상태에 이르기가 어려워집니다. 반면에 너무 어려운 활동은 부담감을 느끼게 되어서 몰입 상태에 이르기 위해 꼭 필요한 잠재 의식적 능력을 개발할 수 없습니다.

명확한 목표 세우기

우리는 자신의 활동을 통해서 이루고 싶은 것이 무엇인지, 그리고 무엇을 자신의 성공 기준으로 삼을지 분명히 알아야 합니다. 예를 들어, "나는 내 책의 1장을 쓸 거야. 1장에 무슨 이야기를 쓸 것인지 정한 다음, 내가 말하고자 하는 요점을 정리하고, 필요한 조사를 하고, 소재를 어떻게 구성할 것인지 정했다면 성공한 거야."와 같은 것이다.

당면한 일에 집중하기

몰입 상태를 유지하려면 우리는 모든 방해 요소를 제거해야 합니다. 그 어떤 것도 지금 하는 일에 대한 집중을 방해하거나 몰입 상태에 지장을 주어서는 안 됩니다. 집중력이 깨졌더라도 우리는 몰입 상태로 다시 돌아가야 합니다.

시간을 충분히 확보하기

몰입 상태에 들어가기 시작하는 데는 적어도 15분 정도는 걸릴 것이고, 활동에 완전히 집중하고 몰두하게 되기까지 시간이 조금 더 걸릴 것입니다. 일단 몰입 상태에 빠져들면, 자신의 목표를 완수하고 '절정 경험'에 도달하기 위해 충분히 시간을 확보해야 합니다.

자신의 감정 상태 관찰하기

　몰입 상태에 들어가는 게 어렵다면 자신의 감정을 관찰해보세요. 만약 감정이 불안한 상태라면, 심호흡이나 명상으로 마음을 진정시키세요. 만약 기운이 없고 나른한 기분이 든다면 운동이나 건강식품 섭취, 친구와 통화하기 등 기운을 돋울 활동을 하기 바랍니다. 그런 다음 다시 활동을 시작하고 몰입을 시도해 봅시다.

　몰입 상태에서 고도로 집중하고 있을 때 우리는 지금 이 순간에 온전히 실재합니다. 이 순간에 우리 마음에 있는 어수선함과 산만함은 거의 사라집니다.

　만약 생각이 많거나 불안하다면 깊고 고요하게 호흡을 몇 번 한 후에 30분에서 1시간가량 몰입 활동을 시작하세요. 시간을 넉넉히 잡고 활동에 몰두하기 시작하면 마음이 차분해지는 효과를 얻는 것은 물론 더욱 능률적이고 더 행복해집니다.

미루는 버릇 고치기

"할 일을 미루는 것은 신용카드를 사용하는 것과 같다. 즐거움은 잠시뿐이고 머지않아 청구서가 날아오기 마련이다."

크리스토퍼 파커 Christopher Parker

사람들은 누구나 할 일을 미루지만, 마음이 어수선할 때 일을 나중으로 미루는 것은 피해야 할 일입니다. '머릿속을 맴도는' 생각은 계속 신경을 거슬리게 하여 안정감과 편안함을 느끼지 못하게 합니다.

혼란 요소가 끊임없이 넘쳐나는 시대에 들어서면서 현대인들은 점점 더 일을 미루게 되었습니다. 휴대폰이 울리면 바라봅니다. 이메일 알림이 울리면 클릭해서 열어봅니다. 컴퓨터 화면에 띄워진 여러 개의 창은 지금 하는 일에 집중하지 못하도록 우리를 유혹합니다.

혼란 요소는 우리가 꼭 해야 하거나 꼭 성취하고 싶은 일에 집중하려는 마음을 훔치는 도둑과 같습니다.

나중에 시작하지 뭐,
내일 가지러 가야지,
페이스북 게시물을 몇 개 더 읽고 나서 할 거야

이 같은 다짐을 할 때는 항상 변명거리가 있습니다.

혼란 요소는 일을 미루게 하지만 일을 미루는 습관은 성공이나 실패에 대한 두려움 때문에 생겨납니다. '만약 …하면 어쩌지?'라는 생각이 우리와 우리가 취하고자 하는 행동 사이를 가로막고 있습니다. 근거가 없는 두려움이 대부분이지만 우리는 그 두려움 때문에 당장 해야 할 일을 미루게 됩니다.

일을 미루는 또 다른 이유는 우리가 어려운 일을 두려워하기 때문입니다. 우리는 뇌에 부담을 주지 않으려고 할 때나 일을 시작할 때, 필요한 노력을 들이지 않으려고 합니다. 다들 경험했다시피, 처음 시작하기가 가장 어렵습니다. 일단 시작하면 그 여세를 몰아 계속 진행할 수 있습니다. 하지만 계속 일을 미루기만 한다면, 결코 추진력을 얻지 못할 것입니다.

일을 미루면 성과를 올리는 데 쏟을 소중한 시간과 추진력은 물론 우리의 에너지와 의욕도 낭비됩니다.

중요한 일을 미룰수록 후회는 커집니다. 후회가 커질수록 일을 추진해 나갈 의욕이 꺾입니다. 의욕이 꺾일수록 아무 생각 없이 혼란 요소에 주의를 빼앗겨 일을 더 미룹니다. 결국, 우리를 자기 비난과 불안의 덫에 가두는 악순환이 반복됩니다.

일을 미루는 습관을 고칠 첫 단계는 그 습관이 우리의 정신 상태에 상당히 부정적인 영향을 미친다는 사실을 인식하는 것입니다.

이렇게 생각해 보세요. 하루에 적어도 한 시간은 일을 미루고 있을 가능성이 있습니다. 일주일이면 7시간 즉, 일일 근무 시간과 비슷합니다. 일을 미루는 시간이 연간 근무일로 보면 52일이나 됩니다. 여분의 근무일 52일 동안 무엇을 더 할 수 있었을까요?

그동안 할 수 있었던 일을 다음과 같이 꼽아볼 수 있습니다.

- 책 쓰기
- 사업 시작하기
- 블로그 만들기
- 학업을 다시 시작하기
- 인간관계 개선하기나 새로 만들기
- 새로운 언어 배우기
- 몇 가지 프로젝트 끝내기

일을 미루는 습관을 고치는 게 중요하다는 확신이 섰다면, 한주에 할 일을 제대로 마치는 데 도움이 되는 다음과 같은 방법을 매일 실천하면 좋습니다.

실천방법1 미리 계획하기

잠자리에 들기 전, 또는 아침에 일어나서 제일 먼저, 그날 가장 중요한 일을 결정합니다. 다음으로 두 번째와 세 번째로 중요한 일을 결정하세요. 업무나 사업과 관련된 가장 중요한 일을 먼저 정해야 한다는 것을 기억하세요. 즉, 내가 도약할 수 있거나, 돈을 더 벌 수 있거나, 기회를 넓힐 수 있는 일이어야 합니다. 별로 중요하지 않은 관리 업무나 시간을 때우는 활동은 제외합니다.

실천방법2 이유를 분명히 밝히기

가장 중요한 일을 시작하기 전에 이 일이 왜 가장 중요한지 스스로 물어보세요. 이 일을 추진하게 된 긍정적인 동기는 무엇인가요? 이 일에서 얻게 되는 이익이 뭔가요? 이 일을 완수하면 어떤 기분이 들까요?

이 일을 하는 이유를 분명히 밝혀두면 피곤하거나 주의가 산만해져도 끝까지 밀고 나가는 데 도움이 됩니다. 그 이유를 종이에 적어서 주변에 붙여 놓으면 일을 할 때 상기시키는 효과가 있습니다.

실천방법3 세분화하기

가장 중요한 일을 세분화하여 주요 과제를 완수하기 위해 구체적으로 추진해야 할 모든 활동과 여러 하위 과제로 나누어 봅시다. 과제를 완수하기 위해 해야 할 활동의 목록과 순위를 정해 적어 봅시다. 그리고 각 하위 과제를 완수하는 데 시간이 얼마나 걸릴지 가늠하여 적어 봅시다.

실천방법4 일정 세우기

여러분의 생산성과 창의력이 최고조로 발휘되는 시간은 언제인가요? 배리는 아침에 잠에서 깬 직후가 뇌의 피로가 풀린 때라고 합니다. 하지만 보통 가장 능률이 오르는 시간은 오후 3~4시경입니다. 하위 과제 중 우선순위에 둔 일을 가장 능률적인 시간대에 할 수 있도록 계획을 세웁니다.

실천방법5 필요한 것 미리 준비해 두기

일하려고 자리에 앉기 전에 필요한 모든 것을 미리 준비해 놓아야 한다는 것을 명심하세요. 커피나 물, 차 등 필요한 것은 책상 위에 가져다 놓으세요. 너무 허기지지 않도록 아몬드, 바나나, 당근 등 건강한 간식을 준비합니다. 조명은 적절히 조절하고, 책상은 깔끔하게 정리해 두세요.

실천형법6 과정 반복하기

그날의 최우선 과제를 단 몇 시간 안에 끝냈다면, 두 번째 과제를 시작하고 앞의 절차를 반복합니다. 두 번째 과제를 끝냈다면 세 번째 과제도 마찬가지 방법으로 시작합니다.

실천형법7 혼란 요소 없애기

혼란 요소 없애기는 집중을 유지하는 데 매우 중요한 사항입니다. 배리는 대학 시절, 기숙사에 책상과 램프만 있는 옷장 크기의 방을 자신만의 '독서실'로 만들어 놓았습니다. 중요하게 처리해야 할 프로젝트가 있을 때나, 시험을 준비해야 할 때, 아무런 방해도 받고 싶지 않을 때, 일을 미루고 싶지 않을 때, 배리는 그곳에 들어가곤 했습니다.

아무런 방해도 받지 않고 일할 수 있는 공간을 만드세요. 휴대폰은 꺼 두세요. 필요 없는 인터넷 창은 띄워놓지 않고, 이메일 수신음이 들리지 않게 소리도 꺼 둡니다. 사무실 문 앞에 '방해하지 마시오'라는 푯말을 붙여 놓으세요.

실천형법8 마음 챙김으로 시작하기

그날 가장 중요한 일을 완수하기 위해 우선적으로 해야 할 하위 과제를 시작하기 전에 눈을 감고, 심호흡하고, 지금 하는 일을 쉽고 능률적으로 해내겠다고 다짐합니다. 이 일을 끝낸 자신의 모습을 떠올려 보고, 그때의 기분이 어떨지 생각해 보세요. 하지만 이 순간이 일을 미루기 위한 핑곗거리를 찾는 시간이 되지 않도록 합니다. 그저 일을 시작하기 전에 1~2분 정도 마음의 준비를 하는 시간이라고 생각합니다.

실천행법 9 **타이머 맞춰두기**

집중하기가 어렵다면 타이머를 20~30분 정도로(그마저도 집중하기 어렵다면 더 짧게) 맞춰둡니다. 그리고 그동안은 부지런히 일하고 알람이 울리면 잠시 휴식을 취하면서 스트레칭을 하거나, 산책하거나, 눈을 감는 등 다시 활기를 되찾을 수 있는 활동을 합니다. 하지만 이 시간에 이메일을 확인하거나, 전화통화를 오래 하는 등 능률적인 시간을 낭비할 활동은 하지 않아야 합니다.

(타이머를 이용해) 집중력을 최고조로 끌어 올리는 스티브의 비결은 뽀모도로 기법으로, 25분 동안 한 가지 일에 집중하고, 5분 동안 휴식을 취하는 것입니다. 그리고 또다시 25분 동안 집중적으로 일을 합니다. 이 방법을 활용하면서 가끔 지치기도 하지만 가장 중요한 일을 할 때 집중력을 극도로 높이는 데 도움이 됩니다.

실천행법 10 **긴 휴식시간 갖기**

3가지 가장 중요한 과제가 연달아 이어진다면, 그 사이 15분에서 1시간 (점심시간 등)의 긴 휴식시간을 일정에 넣습니다. 이 세 번의 휴식시간에 운동이나 명상을 하거나, 친구와 가벼운 대화를 나누면서 재충전하는 시간으로 삼아야 합니다.

자신에게 보상하기

한 가지 일이나 여러 하위 과제들을 완수한 후에, 앞에서 언급한 휴식 시간을 자신에게 보상으로 주거나, 이메일, 휴대폰, 소셜 미디어를 잠깐 (10~15분) 확인할 시간을 갖도록 합니다. 그 외에 자신에게 보상을 주거나 동기부여가 되는 어떤 활동도 좋습니다.

단순 작업을 일정에 넣기

그날 가장 중요한 3가지 일을 한 다음, 그날 완수해야 할 단순 작업을 반드시 하도록 해야 합니다. 아침에 제일 먼저 이메일을 확인해야 한다면 짧은 시간 동안 (10~15분) 확인하도록 하세요.

타이머를 맞춰 두고 알람이 울리면 이메일 확인이 끝나지 않았더라도 멈추고, 가장 중요한 일을 시작합니다. 그리고 일을 마치고 나서 나중에 다시 확인합니다. 간단한 문서작업, 정리하기 등 머리를 쓰지 않아도 되는 일은 하루 중 가장 능률이 떨어지는 시간으로 잡는 것이 좋습니다.

행동 간소화하기

앞에서 말한 대로, 시간 개념이 사라지고 나와 행동이 하나가 된 몰입 상태를 항상 유지할 수 있다면 어떻게 될까요? 아마도 더없이 행복한 삶의 또 다른 모습일 수도 있지만, 먹는 것도, 청구서의 대금을 치르는 것도, 씻는 것도 잊고 살지도 모릅니다.

실생활에서 우리는 조직사회에서 살아남기 위해 일상적이지만 꼭 필요한 일들을 처리해야 합니다. 우리가 삶의 진정한 기쁨을 즐기기 위해서 무슨 일이 벌어지든 간에 '끝내야 하는' 일들 말입니다.

동굴 속이나 수도원에서 사는 것이 아니라면, 이러한 '실생활'의 책임을 처리하는 데는 많은 시간과 에너지가 소모됩니다. 일을 약간 줄일 수는 있다고 하더라도 완전히 피하려 한다면 심각한 결과를 초래할 수밖에 없습니다

하지만 마음을 정리하고 삶을 더 즐기기 위해 이러한 일들을 굳이 피할 필요는 없습니다. 만약 불쾌하고, 지루하거나 감정이 배제된 일을 포함하여 우리가 하는 모든 일에 마음 챙김을 적용한다면 어떨까요?

앞에서 언급한 틱낫한 스님의 말처럼, 오늘 할 일을 떠올리며 차를 홀짝 마셔버리기보다, 관점을 바꾸어 (차를 마시는 동안에는) 차 마시는 일이

이 세상에서 가장 중요한 일이라고 생각하는 것입니다. 관점의 전환은 설거지부터 캣박스 청소까지 우리가 하는 모든 일에 적용할 수 있습니다.

캣박스를 청소할 때는 그 순간에는 괴롭겠지만, 순간에 충실하며 실재하려는 마음은 우리가 무슨 일을 할 때든 가져야 할 마음가짐입니다.

하지만 매 순간순간 공감하는 것이 가능할까요? 사실 그렇지 않습니다. 물론 시도는 해 볼 수 있습니다. 좀 더 자주 마음 챙김의 삶을 사는 데 성공했다면, 여러분은 자신이 추구하는 기쁨과 평화가 항상 가까이에 있다는 것을 깨닫게 될 것입니다.

마음 챙김은 아주 일상적인 일을 하는 중에도 실재하게 그리고 깨어 있게 도와줍니다. 다음 5가지 방법을 실천하면 마음 챙김 수행을 일상생활로 가져올 수 있습니다.

실천방법 1 **마음 챙김 식사**

옛날 사람들은 식량을 생산하고 음식을 준비하는 데 많은 시간을 쏟았습니다. 그들은 한낮에 모두 일을 마치고 둘러앉아 '만찬'이라 불리는 푸짐한 식사를 하곤 했습니다. 시간이 흘러 '만찬' 시간은 저녁으로 옮겨 갔지만, 여전히 여러 사람이 모여 앉아 함께 먹고 대화할 수 있는 시간입니다.

패스트푸드와 최신 기술이 등장하고 여러 일을 동시에 처리하는 멀티태스킹이 흔해지면서, 식사는 그저 넘치는 일정을 소화하는 데 필요한 에너지 공급일 뿐으로, 일하는 중간에 얼른 해치워야 하는 행위로 격하되었습니다. 바쁜 생활 속에서 우리는 가족끼리 함께 식사하는 시간을 등한시

할 뿐만 아니라, 단순히 먹는 즐거움을 간과합니다.

우리 조부모 세대만큼 음식 준비를 하는 데 시간과 정성을 들이지는 않겠지만, 대신 우리가 먹을 음식과 식사 시간에 마음을 온전히 쏟을 수 있습니다. 즉, TV나 컴퓨터를 보면서 먹는 대신, 가족과 둘러앉아 먹거나 혼자서 방해물이 없는 조용한 공간에서 먹어야 한다는 뜻입니다.

마음 챙김 식사를 하는 몇 가지 방법을 다음에 소개합니다.

- 먹기 전에 음식을 바라보고 색깔, 냄새, 질감에 주목합니다.
- 눈을 감고 음식의 향을 들이마십니다.
- 허기와 식욕을 의식합니다.
- 음식을 한 입 떠 넣고 바로 느껴지는 맛과 느낌에 주의를 기울입니다.
- 음식을 씹으면서 그 맛이 어떻게 변하고 퍼지는지 주목합니다.
- 음식을 준비한 사람에게 감사하면서 음식을 씹어서 천천히 삼킵니다.
- 식욕이 채워지면 위장이 어떤 느낌인지 음식을 계속 먹으면서 집중합니다.
- 포만감을 감지하면 먹기를 멈춥니다. 접시를 비워야 한다는 의무감에 억지로 먹어서는 안 됩니다.
- 식사를 마친 후, 잠시 앉아서 소화되기를 기다립니다.
- 식사 후에 마음을 온전히 쏟아 설거지하고 그릇을 정리합니다.

마음 챙김 식사를 하면 먹는 행위 자체를 음미할 수 있을 뿐만 아니라 소화와 영양 흡수가 원활해지는 데 도움이 됩니다. 여러 연구 결과에 따르면, 천천히 먹으면 포만감이 증진되고 칼로리 흡수가 낮아집니다.

실천방법 2 마음 챙김 청소

틱낫한 스님은 설거지할 때도 새로 태어난 부처님을 목욕시킨다는 마음으로 그릇을 최대한 주의해서 닦으라고 하였습니다.

" 내가 만약 차 한잔을 마시려고 빨리 설거지를 끝내려는 마음이 든다면, 나는 차 한잔도 즐겁게 마실 수 없을 것이다."

집 안 정리를 마음을 정리하기 위한 수단으로 생각하지 말고, 정리된 상태보다 정리하는 행위 자체에 초점을 맞춥니다. 청소한다고 해서 마법처럼 갑자기 기분이 좋아지지는 않지만, 그 고고한 명분과 청소의 효과를 생각하기만 해도 기분이 좋아집니다. 집 안 청소를 삶에 실재하기 위해 그리고 몰두하기 위해 하는 연습이라고 생각해 보세요.

이런 태도의 변화는 세차하거나, 잔디를 깎거나, 요금을 내는 것과 같은 일상적인 모든 일에 적용할 수 있습니다. 짜증 나고 억울한 기분이 들 수도 있겠지만, 일을 완수할 수 있고, 이를 통해 삶이 개선되며, 아무리 하찮은 일이라도 시간을 들일 가치가 있다는 생각을 하며 감사한 마음으로 전념하는 게 좋습니다.

실천행법 3 마음 챙김 산책

배리는 자신의 저서인 《Peace of Mindfulness》에서 이렇게 주장했습니다.

"산책하면서, 발이 땅에 닿는 소리와 주위를 둘러싼 자연의 소리에 몰두하면 마음이 충만해질 수 있습니다. 눈 앞에 펼쳐진 풍경과 따뜻하거나 차가운 공기, 야외에서 나는 냄새를 모두 내 안에 받아들입니다."

(내부나 외부) 어디에서 걷든지, 목적지가 어디든지 간에, 걸으면서 주의를 집중하세요. 어디로 갈지 찾으려고 서두를 필요가 없습니다. 발길이 닿는 곳이 목적지라고 생각합니다.

실천행법 4 마음 챙김 자연체험

무수히 많은 연구를 통해 자연에서 보내는 시간이 정신적, 신체적으로 이점이 있다고 증명되었습니다. 숲과 녹지공간에 있으면,

- 면역 체계가 강화됩니다.
- 혈압이 내려갑니다.
- 스트레스가 줄어듭니다.
- 기분이 좋아집니다.
- 집중력이 강화됩니다.
- 질병을 앓은 후, 또는 수술한 후 회복이 빨라집니다.

- 활력을 높입니다.
- 수면의 질이 개선됩니다.

숲에서 잠깐 산책하거나 조용히 앉아 있는 것만으로도 이러한 이로움을 느낄 수 있습니다. 하지만 마음을 다하여 자연체험에 임하면 그 장점을 극대화할 수 있습니다. 특히 스트레스 감소와 기분전환과 집중력에 크게 영향을 미칩니다.

자연에서 시간을 보낼 때, 온몸의 감각을 완전히 일깨워서 주변 환경에 몰두할 수 있도록 주의를 집중합니다.

들어보세요...

새가 지저귀는 소리와 나뭇잎이 바스락거리는 소리, 물이 바위를 타고 흐르는 소리를.

바라보세요...

빛과 그림자, 숲 바닥에 피어난 작은 야생화, 하늘 위에 원을 그리며 날고 있는 매를.

맡아보세요...

썩어가는 낙엽의 흙냄새, 인동초 향, 소나기가 지나간 자리에 남은 냄새를.

녹지공간이나 숲에서 보낸 자연체험은 정신을 맑게 해주는 강렬한 효과가 있기 때문에 마음 정리 연습에 꼭 필요합니다.

실천청법5 마음 챙김 운동

운동의 이로움은 셀 수 없이 많기 때문에 운동에 관한 내용만으로도 이 책을 다 채울 수 있을 것입니다. 신체적인 이로움이야 말할 것도 없지만 마음 정리를 할 때도 운동은 심리적으로도 큰 영향을 미칩니다.

보스턴 대학교 심리학과의 마이클 오토 박사는 미국심리학회 잡지에 실린 논문에서 다음과 같이 주장했습니다.

"운동은 감정에 큰 영향을 미친다. 일반적으로 적당히 운동하고 5분이 지나면 정서 고양 효과가 나타난다."

이 논문은 운동이 내적 무질서와 주의 산만, 과거에 대한 반추로 인해 유발될 가능성이 높은 불안과 우울증 치료에 효과를 보이는 것은 물론 심지어 예방하는 효과까지 보인다는 사실이 여러 연구로 증명되었다고 덧붙였습니다.

운동이 우리를 더 건강하고 날씬하고 행복하게 만들어 준다는 충분한 증거가 있지만, 사람들은 대부분 전염병 보듯이 겁내고 일단 피합니다. 그나마 좋게 보는 사람들에겐 고단한 일이고, 어떤 사람들에겐 신체를 고문하는 것이나 마찬가지입니다. 또 다른 문제는 운동을 바라보는 방식입니다. 우리는 운동을 체중조절, 스트레스 해소, 질병 예방이라는 목적을 달성하기 위한 수단으로 바라봅니다.

여러 상황에 대한 판단과 집착, 두려움을 버리면 운동은 두려움이 아닌 설렘으로 다가옵니다. 이제는 운동하는 것이 힘들 것이라 지레짐작하지 말고, 도중에 그만둘 생각도 하지 말고, 성과를 판단하려고도 하지 마세요. 그저 마음을 다해 움직임에 몰두하고, 매번 조금씩 향상되도록 몸에 온전히 주의를 집중합니다.

어떤 운동을 하더라도 마음 챙김 수련을 접목하면 정신이 맑아지고 집중력을 극대화할 수 있습니다.

다음과 같은 방법을 따라 해보세요.

몸에 집중하기

운동을 시작할 때 자신의 몸이 제 위치에 있는지 주의를 기울입니다.

자세를 바르게 하고 있습니까? 몸의 중심인 코어 주변의 모든 것이 제자리를 잡고 있나요?

코어는 신체를 지탱해 주는 힘의 원천입니다. 중심이 제대로 된 역할을 하려면 자세를 올바르게 해야 합니다. 등을 쭉 펴고 어깨를 뒤로 젖힌 다음 고개를 높이 듭니다.

팔다리의 긴장을 풀고, 코어가 제 역할을 하게 합니다. 팔다리를 사용하는 근력 운동을 하더라도, 코어에서 나온 힘이 팔다리로 제대로 전달되어야 합니다. 운동하면서 코어의 힘을 끌어들이는 데 집중하고, 몸을 올바르게 잡아주는 철근을 상상하여 머릿속에 그려봅니다.

몸에 어떤 느낌이 드는지 집중합니다. 아프거나 불편한 느낌이 드나요?

느낌을 인지하고 반응하지 마세요. "무릎이 아파. 호흡하기가 힘들어. 밖이 덥네." 고통이나 불쾌감을 두려워하거나 없애려 하지 말고, 숨을 불어넣어 편안해지는 모습을 마음속으로 그려봅니다.

운동을 하는 부위에 에너지나 힘을 보내는 모습을 상상해보세요. 여러 부위를 동시에 움직이고 있다면 에너지를 몸 구석구석으로 보내는 모습을 그려봅니다.

버팀목 정하기

운동에 재미를 붙였다면, 집중을 유지하게 해줄 버팀목을 찾아야 합니다. 호흡, 자연의 소리, 또는 혼자서 되풀이하는 만트라(주문)에 주의를 기울이세요. 예를 들어, 달리는 동안에는 발을 땅에 내딛는 소리에 집중하는 것입니다. 호흡에 맞추어 마음속으로 만트라 혹은 긍정적 자기암시를 반복하는 방법도 있습니다.

근력운동을 할 때는, 지금 단련하고 있는 근육과 그 주변을 둘러싼 에너지에 주의를 집중합니다. 호흡에 맞추어 무게를 들어 올릴 때는 숨을 내쉬고 내려놓으면서 숨을 들이쉽니다. 운동하는 사이에도 호흡에 계속 집중합니다.

잡념이 떠오르면, 다시 만트라 또는 호흡으로 주의를 돌리거나, 잠시 자신의 몸이 어떤 느낌인지 살펴본 후, 필요에 따라 운동을 조절하거나 휴식을 취합니다. 그리고 다시 호흡 또는 만트라에 집중합니다.

우리가 (실내 또는 야외) 어디에서 운동하든지, 우리의 운동 경험에 영향을 미칠 온도, 풍경, 소리, 냄새 등 감각 요소들에 주의를 기울입니다. 시선을 내면에서 주변 환경으로 돌려서 주변의 모든 것에 관심을 기울이세요.

만약 야외에 있다면, 주변 환경에 깊은 관심을 기울이면서 자연 체험과 운동이라는 심리적인 이로움을 이중으로 누릴 수 있습니다.

우리는 매일, 매 순간 생각과 잡념의 소용돌이에 쉽게 말려들 수 있습니다. 우리는 찬란한 별로 뒤덮인 하늘을 바라볼 때도 있고, 식기 세척기에 접시를 집어넣을 때도 있지만, 마음이 복잡하면 이 모든 경험에 완전히 무감각해질 수 있습니다.

월더니스 마인드 수행의 창립자인 숄토 래드포드는 이렇게 말했습니다.

"마음 챙김 수련은 우리가 목표와 기대를 내려놓고, 분주한 마음이 잠시 조용해지면 그 모습을 드러내는 틈을 보게 해줍니다."

우리가 해야 할 일은 비록 매일 몇 분에 불과하더라도, 깨어 있는 상태로 순간을 진정으로 경험하는 것입니다. 즉, 생각과 걱정에 얽매이지 않고 실재함을 인식하는 것입니다. 시간이 흐르고 수행을 거듭하면, 무의식 중에 지금 이 순간으로 돌아올 수 있고, 지금 이 순간으로 더 자주 돌아올수록 우리는 더욱 진정한 삶을 살 수 있습니다.

마무리

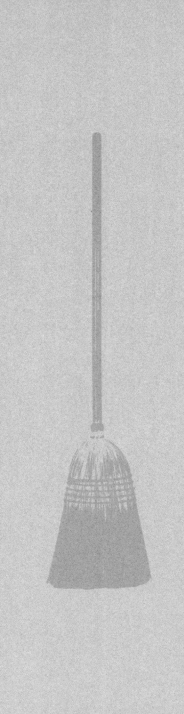

마음 정리에 관한 마지막 이야기

"우리가 경험한 모든 것과 우리가 다른 사람의 삶에 이바지한 모든 것은
마음에 기반을 두고 있다. 그러므로 우리는 마음을 단련해야 한다."

샘 해리스 Sam Harris

마음을 단련하는 것은 집을 깔끔하게 정리하는 것과 같습니다. 최선의
상태를 유지하려면 매일 반복해야 하는 일이지요. 하지만 마음을 단련하
는 것은 집 안 정리처럼 쉽고 간단한 일이 아닙니다.

생각을 다스리려면 헌신적인 노력과 연습이 필요합니다. 매일 그리고
매 순간 우리의 심리상태를 꿰뚫고 마음속 원숭이의 장난을 알아차릴 수
있어야 합니다.

제멋대로 하게 내버려 두면 우리 마음은 여기저기로 날뛰면서 난데없
이 오랜 기억을 떠올리다가 잡념을 쫓기도 하고, 후회와 분노로 속을 끓
이기도 합니다. 공상에 잠기거나 환상에 빠져들 때가 차라리 긍정적인 것
처럼 보이지만, 그것 역시 불안한 심리 상태를 보여주는 것입니다. 내적
무질서를 내버려 둔다면, 우리의 생각과 감정은 제멋대로 변덕을 부릴 것
입니다. 그 결과, 우리의 삶은 예측 불가능해지고, 마구잡이로 떠오르는
생각에 전적으로 좌우되게 됩니다.

온종일 머릿속에 끼어드는 생각은 현실적으로 우리 마음을 대부분 의
식적으로 통제할 수 없다는 사실을 보여줍니다. 엎친 데 덮친 격으로, 우
리의 생각은 진짜 사실적이고 영향력이 강하다는 느낌을 주고, 세상을 보

는 관점에 깊은 영향을 미칩니다.

우리 마음속에 떠오른 무의식적인 생각에 어떤 의미가 있다는 생각을 잠시만 버리세요. 마음속에 떠오른 생각이 사실도 아니고 실체도 없는, 그저 마구잡이로 벽에 그려진 낙서와 다름없다고 생각하면 어떨까요? 기억이나 감정과는 어느 정도 관계가 있을 수도 있지만, 지금 이 순간 머릿속의 생각은 현실을 반영하지 않습니다. 생각에 대한 진실은 대부분 이렇습니다.

잠재의식 때문에 우리가 마음을 완벽히 장악하는 것은 어렵겠지만, 우리는 그중 일부는 다스릴 수 있습니다. 우리는 생각과 생각이 유발하는 감정을 더 잘 다스리기 위해 대응과 습관을 바꿀 수 있습니다.

이 책 전반에 걸쳐 제시된 다양한 방법을 통해 여러분은 마음을 정리하여 마음속의 부정적인 목소리를 잠재우고, 스트레스를 줄이며, 마음의 평화를 누릴 수 있습니다.

마음챙김 방법

집중 심호흡과 마음 챙김 명상을 통해, 이완 반응을 끌어내고, 머릿속에 떠오르는 생각과 감정을 자신으로부터 분리하는 법을 배웁니다.

생각에 끼어들고, 재구성하고, 도전하여, 자기 생각에 책임을 지고 생각이 자신에게 행사하던 영향력을 제거합니다.

핵심 가치관을 확인하여, 선택과 행동에 대한 한계를 정하여 생각을 곱씹거나 걱정할 핑계를 주지 않습니다.

삶의 우선순위를 명확하게 하면, 후회와 심적 고통을 유발할 일에 시간을 허비하지 않습니다.

자신의 가치관과 우선순위에 따라 목표를 정하면, 분명한 목적의식에 따라 행동을 할 수 있게 되고, 삶에 활기를 더해 주는 자부심이 솟아납니다.

열정을 바칠 일을 찾으면, 진정성과 목적의식, 기쁨이 목표에 녹아들어 부정적인 생각이 줄어듭니다.

지금 이 순간에 실재하고, **인간관계에 마음을 다하면**, 사람들과의 상호 작용에서 오는 많은 다툼을 피할 수 있고, 인간관계에서 받는 심적 고통이 크게 줄어들어 인간관계에 만족감이 커집니다.

　집과 디지털 세계를 깨끗하고 간결하게 정리하면, 자신의 가치관과 우선순위, 목표로부터 멀어지게 하는 혼란 요소를 없앨 수 있습니다.

　일과 책임에 대한 부담을 내려놓으면, 스트레스가 줄어들고, 지금 이 순간에 실재하고 삶에 관심을 기울일 '여유'가 생깁니다.

　지금 하는 일에 집중하고 '몰입'에 빠져들면, 내면의 목소리를 넘어서서 자신의 행위와 일체를 이루며 기쁨과 함께 깊은 만족감을 느낍니다.

　일을 미루는 습관을 극복하고 재빨리 첫발을 내딛는 법을 체득하여, 일을 미루는 데서 오는 불안을 피합니다.

마무리

설거지부터 운동까지 **일상생활의 모든 활동에 마음 챙김을 적용하여**, 지금 이 순간에 실재하는 진정한 삶만을 남기고 마음을 정화합니다. 미국의 심리학자인 에이브러햄 매슬로는 이런 말을 했습니다.

"지금 이 순간에 실재할 수 있는 능력은 마음을 건강하게 해주는 중요한 요인이다."

자, 이제 어디서부터 마음 정리를 시작할지 정하셨나요?

우선 핵심 가치관, 삶의 우선순위, 목표를 정하는 것으로부터 시작하는 것이 좋습니다. 자신만의 한계와 기본 방침이 확립되면, 삶을 분열시키는 내적 무질서가 가장 심각한 지점을 밝혀내고, 그에 따른 대응책을 마련하기가 훨씬 수월해집니다.

예를 들어, 만약 돈독한 인간관계를 구축하는 것을 핵심 가치로 삼았지만, 누군가와 종종 부딪치고, 사람들과 만나는 것에 스트레스를 받는 사람이 있다면, 앞서 살펴본 관계 개선 연습부터 시작하여 마음 정리를 할 수 있습니다.

자신의 능력과 외모를 끊임없이 깎아내리는 사람은 부정적인 생각에 젖어 있기 때문에 삶이 즐겁지 않습니다. 이런 경우라면, 자아를 수용하고 비교하지 않고 용서하려고 애쓰는 데서부터 마음 정리를 시작할 수 있습니다.

우리가 이 책에서 제시한 심호흡, 명상, 간소화, 일상의 마음 챙김은 매일 잠깐씩 실천하거나 수행할 수 있습니다. 이를 바탕으로 우리는 관계 개선, 과거 극복, 열정 찾기 등 더 복합적인 노력을 기울이는 단계를 향해 나아 갈 수 있습니다.

이와 더불어, **우리는 여러분이 마음 정리를 위해 실천한 행동을 적어보고, 그 결과 자신의 삶과 감정이 어떻게 개선되었는지 기록하는 일기를 쓸 것을 권합니다.** 자신의 행동과 그 결과로 나타난 변화를 추적하면, 마음 정리를 위한 노력을 꾸준히 지속할 수 있는 자극과 영감을 얻을 수 있습니다.

마음 정리는 평생에 걸쳐 부단한 노력이 필요하지만, 그 결과 우리는 충만한 삶이라는 커다란 보상을 얻게 됩니다. 거슬리고 부정적인 생각과 사투를 벌이는 시간을 줄일수록 지금 이 순간, 그리고 앞으로 다가올 삶의 매 순간을 즐길 시간이 늘어납니다.

여러분은 머릿속의 모든 '쓸데없는 생각'에 대한 걱정을 덜기 위해 무엇이 필요한지 잘 이해했을 것입니다. 이제 행동으로 옮겨야 할 때가 왔습니다. 삶에서 가장 큰 도전을 오늘 당장 시작하세요. 그리고 다음 주까지 새로운 습관을 형성하기로 마음먹어야 합니다.

간단합니다. 도전을 극복하는 데 도움이 될 활동을 파악하고 매일매일 실천할 수 있는 습관으로 만들어 보세요.

그럼, 행운을 빕니다.

배리 데이븐포트

스티브 스콧

가치관을 정할 수 있는 단어 목록

핵심 가치는 우리의 태도, 말, 행위를 결정하는 데 기여하는 삶의 지침입니다. 자신의 가치관을 정기적으로 살펴보고, 가장 중요한 가치관에 삶을 맞추어 나갈 수 있도록 적절히 바꾸는 것은 개인의 발전을 위해 꼭 필요합니다.

자신의 가치관과 조화를 이루어 살면 혼란이나 죄책감, 수치심을 느끼지 않고 진정한 삶을 살 수 있으므로 행복과 마음의 안정, 성공을 누릴 환경이 충분히 조성됩니다. 아무리 사소하더라도, 자신의 가치관에 삶을 맞추어 나가기 위해 점차 변화해 간다면 자신의 감정과 자세는 긍정적인 방향으로 움직일 것입니다.

다음의 가치관과 관련된 단어를 쭉 살펴보고 개인 생활과 직장생활에서 신조로 삼을 단어를 5-10개 가량 꼽아봅시다.

단어를 선택하여 적어보고, 현재 자신이 얼마나 그 가치에 어긋나는 삶을 살았는지 평가해 봅시다. 내 가치관을 지키려면 어떤 부분을 바꿔야 할까요? 오늘 당장 시작할 수 있는 일은 무엇인가요?

Ability	능력	Audacity	뻔뻔함
Abundance	충만	Availability	쓸모 있음
Acceptance	수용	Awareness	인식
Accomplishment	완수. 실행력	Awe	경외(감)
Achievement	성취	Balance	균형(감)
Acknowledgement	인정	Beauty	아름다움
Adaptability	적응력	Being-ness	존재감
Adequacy	적합성	Belongingness	소속성
Adroitness	솜씨 있음	Benevolence	자비심
Adventure	모험	Blissfulness	지복(至福)
Affection	애정	Boldness	배짱
Affluence	(사고, 어휘 등이) 풍부함	Bravery	용감
Alertness	조심성 있음	Brilliance	뛰어난 재기(才氣)
Aliveness	살아 있음	Briskness	활기
Ambition	야망	Buoyancy	낙천적인 성격
Amusement	놀이	Calmness	(태도가) 침착
Anticipation	예상	Camaraderie	동지애
Appreciation	음미	Candor	터 놓고 말할 수 있는
Approachability	사귀기 쉬움	Capability	역량
Artfulness	기교적임	Care	돌봄
Articulacy	(생각, 감정을) 분명히 표현함	Carefulness	조심(성)
Assertiveness	확신에 참	Certainty	확신
Assurance	보증	Challenge	도전
Attentiveness	주의를 기울임	Charity	자비심
Attractiveness	(성적으로) 매력적임	Charm	(성격, 아름다움) 매력

Chastity	정숙함	Conviction	확신
Cheerfulness	기분좋음	Conviviality	주흥(酒興), 흥겨움
Clarity	(사상, 표현의) 명쾌함	Coolness	냉담
Classy	고급스러움	Cooperation	협력
Cleanliness	청결	Copiousness	풍부함
Cleverness	영리함	Cordiality	충정
Closeness	친근함	Correctness	올바름
Cognizance	인지	Courage	용기
Comfort	안락	Courtesy	정중함
Commitment	전념, 헌신	Craftiness	간사함
Compassion	연민	Creativity	창의적임
Competence	능숙함	Credibility	신뢰성
Completion	완성	Cunning	교활함, 영악함
Composure	(마음의) 평정	Curiosity	호기심
Concentration	(정신의) 집중	Daring	대담성
Confidence	자신(감)	Decisiveness	단호함
Conformity	(규칙, 명령, 관습을) 따름, 순응	Decorum	점잖음
Congruency	일치	Deepness	마음이 깊음
Connection	(인간적, 사회적) 관계	Deference	경의
Consciousness	의식	Delicacy	(감각, 감정의) 섬세함
Consistency	일관성	Delight	낙(樂)
Contentment	(생활에 대한) 만족(감)	Dependability	의지할 수 있음
Continuity	연속성	Depth	(지성, 통찰력이) 심오
Contribution	기여	Desire	욕망
Control	통제, 지배	Determination	결단력

Devotion	헌신	Empathy	감정 이입, 공감
Devoutness	독실함	Encouragement	격려
Dexterity	손재주	Endurance	인내(력)
Dignity	품위	Energy	정력
Diligence	근면	Enjoyment	즐거움, 향락
Diplomacy	사교 능력	Enlightenment	계몽
Direction	지시	Entertainment	오락
Directness	직접적임	Enthusiasm	열의
Discernment	안목	Evolution	진화
Discretion	재량	Exactness	정확함
Discipline	절제력	Excellence	우수
Discovery	발견	Excitement	흥분
Diversity	다양성	Exhilaration	기분을 돋움, 쾌락
Dreaming	꿈꾸기	Expectancy	기대
Drive	(사람) 추진력	Expediency	편의주의
Duty	의무	Experience	경험
Dynamism	역동성	Expertise	전문 지식
Eagerness	열망함	Exploration	탐구
Economy	경제 활동	Expressiveness	표현력
Ecstasy	황홀	Extravagance	낭비
Education	교육	Extroversion	외향성
Effectiveness	유효성	Exuberance	충일(充溢)
Efficiency	능률	Facilitating	촉진하기
Elation	의기양양	Fairness	공정성
Elegance	우아(함)	Faith	신앙, 신념

Fame	명성	Grace	은총
Fascination	매료	Gratefulness	고맙게 여김
Fashion	유행	Gratitude	감사하는 마음
Fearlessness	두려움이 없음	Gregariousness	남과 어울리기 좋아함
Fidelity	정절	Growth	성장
Fineness	섬세함	Guidance	인도(引導), 가이던스
Finesse	(일을 처리하는) 수완	Happiness	행복
Firmness	확고함	Harmony	조화
Fitness	신체 단련	Health	건강
Flexibility	유연성	Heart	마음
Flow	몰입	Helpfulness	도움이 됨
Fluency	유창(함)	Heroism	영웅적 자질
Fluidity	유동(성)	Holiness	신성함
Focus	초점	Honesty	정직(성)
Fortitude	(곤란, 역경에) 꿋꿋함	Honor	명예
Frankness	솔직	Hopefulness	희망에 참
Freedom	자유	Hospitality	환대
Friendliness	(행동이) 친절함	Humility	겸손
Frugality	절약	Humor	유머
Fun	재미	Hygiene	위생
Gallantry	용맹	Imagination	상상력
Generosity	너그러움	Impact	영향
Gentility	고상함	Impartiality	불편부당
Genuineness	(사람, 혈통이) 순수함	Impeccability	완전무결
Giving	증여	Independence	(개인의) 자립

Industry	근면(성)	Liberty	멋대로 함
Ingenuity	(발명의) 재주	Liveliness	생기
Inquisitiveness	연구를 좋아함	Logic	논리
Insightfulness	통찰력이 있음	Longevity	장수
Inspiration	영감	Love	사랑
Instinctiveness	본능적임	Loyalty	충성심
Integrity	온전함	Majesty	장엄함
Intelligence	지성	Mastery	숙련
Intensity	강렬함	Maturity	성숙함
Intimacy	친밀함	Meekness	온순함
Intrepidness	무서움을 모름	Mellowness	원만함
Introversion	내향성	Meticulousness	소심함
Intuition	직감	Mindfulness	마음 챙김, 유념함
Intuitiveness	직관력이 있음	Moderation	중용
Inventiveness	독창적임	Modesty	겸허(謙虛)
Joy	환희	Motivation	동기부여
Judiciousness	분별력이 있음	Mysteriousness	신비함
Justice	정의(正義)	Neatness	단정함
Keenness	날카로움	Nerve	담력
Kindness	다정함	Obedience	복종
Knowledge	지식	Open-mindedness	마음이 넓음
Lavishness	헤픔	Openness	마음이 열려 있음
Leadership	리더십	Optimism	낙관주의
Learning	학식	Opulence	부유함
Liberation	해방	Order	질서(秩序)

Organization	조직	Preparedness	각오
Originality	독창성, 고유성	Presence	실재(實在)
Outlandishness	이국풍	Privacy	사생활
Outrageousness	난폭함	Proactivity	사전 조치
Passion	열정	Proficiency	숙달
Peacefulness	평화로움	Professionalism	전문성
Perceptiveness	(지각이) 예민함	Prosperity	번영
Perfection	완벽	Prudence	신중
Perseverance	끈기	Punctuality	시간 엄수
Persistence	고집	Purity	순수성
Persuasiveness	설득력이 있음	Qualification	자격
Philanthropy	박애주의	Quietness	조용함
Piety	(종교적인) 경건	Quickness	신속
Playfulness	장난기가 많음	Realism	현실주의
Pleasantness	유쾌함	Readiness	준비가 되어 있음
Pleasure	기쁨	Reason	이성
Plentiful-ness	풍부함	Recognition	인정
Poise	(마음의) 안정	Recreation	레크리에이션
Polish	(태도가) 세련	Refinement	정제
Popularity	인기	Reflection	심사숙고
Potency	잠재력	Relaxation	휴식
Practicality	실용성	Reliability	믿음직함
Pragmatism	실용주의	Resilience	회복력
Precision	정밀함	Resolution	결심
Preeminence	발군(拔群)	Resolve	결의

Resourcefulness	지략이 풍부함	Shrewdness	(판단이) 빠름
Respect	존경	Significance	의의
Restfulness	편안함	Silence	침묵
Restraint	제지(制止)	Silliness	어리석음
Reverence	숭배	Simplicity	단순성
Richness	부유함	Sincerity	성실
Rigor	엄격함	Skillfulness	교묘함
Sacredness	성스러움	Smartness	멋
Sacrifice	희생	Sophistication	교양이 있음
Sagacity	명민(明敏)	Solidarity	연대
Saintliness	성인다움	Solidity	견고함
Sanguinity	낙천적임	Solitude	고독
Satisfaction	만족(감)	Soundness	건전
Security	보안	Speed	(동작, 행동이) 빠름
Self-control	자제력	Spirit	정신
Selflessness	이타적임	Spirituality	영성, 정신성
Self-realization	자아 실현	Spontaneity	자발성
Self-reliance	자립적임	Stability	안정(성)
Sensitivity	(감성이) 예민함	Stillness	정적, 침묵
Sensuality	관능성	Strength	힘
Serenity	고요함	Structure	구조
Service	봉사	Substantiality	실재성(實在性)
Sharing	공유	Success	성공

Sufficiency	충분	Usefulness	유용성
Support	(가족의) 부양	Utility	효용
Supremacy	지고(至高)	Valor	무용(武勇)
Surprise	놀라움	Variety	다양성
Superbness	최고임	Victory	승리
Sympathy	동정	Vigor	활력
Synergy	시너지	Virtue	덕(德)
Tactfulness	재치 있음	Vision	비전
Teamwork	팀워크	Vitality	생명력
Temperance	금주(禁酒)	Vivacity	쾌활함
Thankfulness	감사하고 있음	Warmth	(마음, 태도가) 따뜻함
Thoroughness	철저함	Watchfulness	경계함
Thoughtfulness	사려 깊음	Wealth	재산
Thrift	검약	Wholesomeness	건강해 보임
Tidiness	깔끔함	Willfulness	제멋대로임
Timeliness	시기적절함	Willingness	기꺼이 하는 마음
Traditionalism	전통주의	Winning	(경쟁을 통한) 획득
Tranquility	평온함	Wisdom	지혜
Transcendence	초월	Wittiness	기지가 있음
Trust	신뢰	Wonder	경이(감)
Trustworthiness	신뢰할 수 있음	Worthiness	가치가 있음
Truth	진심	Zeal	열성
Understanding	이해	Zest	묘미
Uniqueness	유일무이함	Zing	흥미
Unity	통합		

마무리